"十三五"上海市高等学校
重点节能环保工程案例汇编

上海市学校后勤协会　　　编
上海现代高校智慧后勤研究院

复旦大学出版社

编委会名单

主　　任　李瑞阳　张　旭
副 主 任　傅　海　金皓敏　俞　伟　南少华　周　虎
委　　员　王立慷　沈永明　董种德　周强峰　齐井刚
　　　　　　刘劲松　朱卫东　吴　亮

编写人员名单

主　　编　卢志坚
副 主 编　吴　巍　高　翔

参　　编（按姓氏拼音顺序排）
　　　　　　曹自强　陈　珏　陈晴华　储一鸣　崔鹏翔
　　　　　　郭景振　韩　冰　何　坚　姜　侃　雷中明
　　　　　　黎春仁　李月信　梁一峰　陆定宇　陆　扬
　　　　　　吕淑彬　毛　岚　汤　军　王　波　王严超
　　　　　　王　昀　吴　亮　徐方卉　徐　敏　许　芹
　　　　　　姚安萍　于卓灏　张　宏　张靖晗　张克兢
　　　　　　张　萌　张笑凡　赵海腾　周爱军

前　言

　　随着美丽校园建设的逐步深入，政府、社会和师生对学校生态环境的要求越来越高，学校发展所必需的能耗水耗刚性增长，师生对美好学习生活工作环境需求不断提高与国家对学校推进能耗水耗双控要求之间的矛盾也日益突出。学校和节能环保服务企业正面临着前所未有的挑战与机遇。

　　以适应教育改革和发展为动力，上海市教委在"十三五"期间，始终秉承"政府引导、市场推动"，坚持把管理创新、技术革新作为节能环保的基本动力，充分发挥市场配置资源的决定性作用，推进学校节能环保管理体制机制、方式方法创新，积极引入社会资本参与学校节能环保技改服务工作，推广利用可再生能源和新能源、节能新技术新产品，推进节能环保技术创新，发挥新理念、新科技的支撑引领作用，为学校节约能源资源注入活力。

　　2011年以来，市教委按照"对接全市监测平台，兼顾教育系统需求"的原则，把"高校节能监管体系建设"纳入教育信息化规划十大重点项目，累计支持40所高校推进校级节能监管平台建设；同时结合学校改善办学条件和生活设施的需要，通过专项资金支持引导140余项包括太阳能光伏/光热、热泵、非常规水资源利用、餐厨垃圾资源化处理和LED照明等学校节能环保示范项目建设。上海学校节能环保工作在"十二五""十三五"期间取得突破性进展，大量技术上可行、经济上合理的节能环保项目得以实施。

　　通过调查发现，各学校节能环保工作的发展水平并不平衡。不同学校组织建设和制度建设发展水平不平衡，而且受到自身学科、基础条件和行政管理等因素的影响，不同类别学校在开展节能环保项目工作方面的差异性较大。学校和节能环保服务企业对节能环保项目建设经验交流、优秀案例现场学习等有很高的需求。

为更好推动校园生态文明建设，促进学校可持续发展，指导本市学校全面、稳步、有序、高效地开展节能环保工作，全面提高节能环保项目的建设和运维成效，我们特地收集、整理了多所学校节能环保重点项目建设与运行情况案例，分别从节能效益、技术推广和经济适用等多方面因素综合考虑，对收集到的35个案例进行评估和筛选，选取30个优秀案例，经多次提炼，形成《"十三五"上海市高等学校重点节能环保工程案例汇编》。

该书也是对上海学校"十二五""十三五"期间节能环保项目的总结和回顾，既可以作为节能环保服务公司的业务参考，也可以作为学校开展节能环保项目的项目指南，还能为政府机构、科研院所、行业协会等提供丰富的节能环保项目信息。我们相信本书会促进学校节能环保项目的推广，加快节能环保服务产业的发展，为保障"十四五"美丽校园建设目标的实现发挥积极作用。

目　录

上海市学校节能环保"十三五"规划

一、"十二五"工作回顾及形势分析 3
二、总体战略 6
三、"十三五"重点工作 8
四、保障机制 11

学校节能环保工作现状分析

一、调研设计 14
二、数据收集 14
三、学校基本信息分析 16
四、用电量、用水量影响因素分析 18
五、节能环保管理现状 19
六、问题、需求及建议 26

节能改造项目

一、复旦大学光华楼综合节能改造项目 30
二、上海大学图书馆建筑综合节能改造项目 33

三、上海大学体育馆群楼空调节能改造项目 37
四、华东师范大学道路照明节能改造项目 42
五、华东理工大学道路照明节能改造项目 48
六、上海交通大学楼宇公共区域照明改造项目 51

浴室热水改造项目

一、东华大学太阳能空气源热泵热水系统项目 56
二、上海海事大学太阳能空气源热泵热水系统项目 62
三、上海交通大学空气源热泵燃气锅炉热水系统项目 66
四、华东理工大学低氮燃气热水系统项目 70
五、华东政法大学CO_2热泵热水系统项目 74
六、上海体育学院CO_2热泵太阳能热水系统项目 77
七、同济大学CO_2热泵热水系统项目 80

光伏发电项目

一、上海电力大学智能微电网示范项目 84
二、上海工程技术大学分布式光伏发电项目 88
三、上海体育学院屋顶分布式光伏发电项目 92
四、上海交通大学陈瑞球楼光伏发电项目 95

餐厨垃圾处置及水资源管理项目

一、上海海关学院餐厨垃圾资源化项目 98
二、复旦大学北区食堂餐厨垃圾处理项目 102
三、上海财经大学雨水暨回扬水综合利用项目 106
四、上海理工大学地下供水管网探漏服务项目 111
五、上海外国语大学二次供水系统改造项目 113

宿舍综合改造及变电站托管项目

　　一、上海建桥学院智慧宿舍建设项目 118
　　二、上海师范大学生态学生宿舍园区项目 122
　　三、华东师范大学变电站运行托管服务项目 126
　　四、复旦大学变电站运行托管服务项目 131

能源监管平台项目

　　一、复旦大学节能监管平台项目 136
　　二、上海财经大学能源监管平台项目 140
　　三、上海中医药大学节能监管平台项目 145
　　四、上海音乐学院能源监管平台项目 148

上海市学校节能环保
"十三五"规划

上海市学校节能环保"十三五"规划

按照上海教育改革和发展的总体部署，结合本市节能低碳和应对气候变化工作要求，为大力推动校园生态文明建设，促进学校可持续发展，指导本市学校全面、稳步、有序、高效地开展节能环保工作，在深入分析"十二五"工作和"十三五"形势的基础上，根据《上海市教育改革和发展"十三五"规划》《上海市节能低碳和应对气候变化"十三五"规划》和《上海市公共机构节约能源资源"十三五"规划》精神及有关政策法规要求，特制定本规划。

一、"十二五"工作回顾及形势分析

（一）主要成效

能源消费总量得到有效控制，考核指标全面完成。"十二五"是本市学校节能环保工作全面启动、有效推进并取得重大进展的时期，单位建筑面积能耗上升控制指标实际完成为5.3%（市政府考核目标为<10%）；2015年能耗总量为37万吨标准煤（市政府考核目标为<46万吨标准煤）。

能源消费结构持续优化，能源使用日趋合理。教育系统的主要能源资源消耗包括电力、燃气、汽柴油、煤炭及水等，其中83.59%的能耗为电力消耗，电力和天然气等清洁能源的消耗占比不断提升，消费结构不断优化。依照上海市地方标准《上海市高等学校建筑合理用能指南》，纳入市级节能工作考核范围的61所高校，用能合理程度达到优的占比为58%。

节约创建有序推进，示范效应初步显现。"十二五"期间，本市共有9所高校创建成为"全国节约型公共机构示范单位"，299所各级各类学校创建成为"上海市节约用水单位"，其中20所学校创建成为"上海市节约用水示范单位"。学校节能减排以点带面的示范效应逐步显现。

（二）工作进展

1. 立足长效，加强学校节能环保工作顶层设计。以问题为导向，推进学校节能环保工作制度建设。通过能耗统计、能源审计、水平衡测试和专项规划等科学管理手段，有针对性地加强学校节能环保制度的引导和规范。先后编制学校节能指标分解考核、合理用能评估、节能项目资金使用、节能基础能力建设等制度规范和地方标准达16项，初步构建了学校节能环保系统性制度保障体系。学校结合办学实际，"十二五"期间积极推进能效公示和用能、用水定额管理，为提高学校节能工作的规范化、制度化水平奠定了扎实基础。

2. 转变职能，调整学校节能环保工作监管模式。以依法治教为原则，推进学校节能环保工作规范化建设。"十二五"期间，市教委全力提高对学校节能工作指导的专业性、针对性和有效性，会同市发改委、市住建委先后组织实施三批学校能源审计，审计高校39所，中等学校9所，审计建筑面积达617.75万 m^2，被审计建筑类型实现全覆盖。在学校能源审计工作基础上，组织上海高校能源审计后续成果利用评估。通过能源审计和后评估工作，基本掌握了学校的能源利用状况、规律和水平，推进了学校节能管理水平和能源利用效率的提升，有力推动了学校节能监管和节能考核体系建设，在学校节能环保工作的规范化建设中发挥了关键作用。

3. 提升能级，优化学校节能环保工作管理水平。以监测平台建设为抓手，推进学校节能环保工作信息化建设。"十二五"期间，市教委按照"对接全市监测平台，兼顾教育系统需求"的原则，把高校节能监管体系建设纳入教育信息化规划十大重点项目，先后投入8 000万专项资金，初步完成"上海高校节能环保市级监测平台建设"，并累计支持40所高校推进校级节能监管平台建设。通过分项计量和信息平台对接，充分整合和利用学校节能监管体系的大数据资源，构建学校能源资源计量、能耗统计、监测预警和核查评估的学校能源管理信息化支撑体系。

4. 加强引导，推进学校节能环保示范项目建设。以适应教育改革和发展为动力，推动节能环保项目示范化建设。结合学校改善办学条件和生活设施的需要，通过专项资金支持引导100余项包括太阳能光伏/光热、热泵和LED照明等学校节能环保示范项目建设。"十二五"期间，本市高校累计投入节能环保改造专项资金17.82亿元，既有建筑节能改造面积达到132.04万 m^2，建设充电桩219个；餐厨垃圾资源化处置项目13个，日处理量达到6.66吨。同时，积极探索合同能源管理模式（校企合作），鼓励高校利用市场资金、技术和管理推进学校节能工作，累计开展26个合同能源管理模式（校企合作）项目，年节约2 210吨标准煤，获得了良好的经济和社会效益。

5. 围绕重点，开展学校节能环保宣传培训工作。以形成合力为目标，推动学校节能环保宣传培训专业化建设。"十二五"期间，积极开展"节约型校园""节水型学校"建设，组织低碳校园实践、光盘行动和绿色建筑进校园等主题活动，本市高校累计开展节能环保宣传43.95万人次。充分发挥政府、学校、市场和行业组织的主体作用，积极培育多层次、专业性学校节能环保培训体系，累计组织节能培训40 919人次，内容覆盖能源统计、能源审计、节能技改、节水工作、合同能源管理、节能监管平台建设、新能源应用等领域。

（三）存在的问题

"十二五"期间，学校节能环保工作成效显著，但具体推进中还存在一些矛盾和问题，主要包括：

节能环保工作与教育核心工作的融合度有待提高。学校教育是学生人生观、世界观形成的重要环节，对于广大师生增强节能环保意识、掌握节能环保方法，应扮演更加重要的角色，学校节能环保工作与教书育人目标融合的密切度仍需进一步提高。高校作为社会文化引领和科技创新的主战场，学校节能环保工作与产学研优势，相互结合、相互促进的力度还需进一步加大。

学校节能环保工作的发展水平不平衡。受到自身学科、基础条件和管理等因素的影响，不同类别学校在开展节能环保实践与教育工作方面的差异性较大。同类学校之间对节能环保工作的理解及重视程度不同使节能环保技术应用及管理水平也存在不平衡。学校节能环保工作普遍存在运维管理薄弱的特点，需要加强对节能环保工作的整体性规划和全过程设计，实现建（改）管并重，全面有效推进学校节能环保工作。

学校节能环保工作的专业性亟需提升。校园节能环保工作涉及电力、机械、能源动力、环境、管理、法律、财经等多学科的交叉应用，对管理员工的综合素质和专业水平要求不断提升。社会的节能环保工作已经逐渐走向专业化、市场化，如由第三方专业公司提供专业服务、合同能源管理等，借助社会的技术、资金、人力资源等开展节能环保工作，可以较好地实现成本集约，提高效率。然而，学校的节能环保工作目前还主要是依靠政府的资金支持及学校自筹，缺乏有效的内部激励机制，在节能环保管理专业化、市场化程度，以及专业管理队伍建设等方面还有待进一步提升。

（四）"十三五"面临的形势

外部因素的影响。随着能源与环境问题的日益突出，应对全球气候变化已成为世界各国共同面临的挑战。我国提出力争到2020年，一次能源消费总量控制在48亿吨标准煤左右，煤炭消费总量控制在42亿吨左右。上海作为改革开放的排头兵，创新发展的先行者，已确定要做到率先转变发展方式，在节能低碳发展方面起到带头引领的作用。上海市提出"十三五"时期能源消费总量控制在1.25亿吨标准煤以内，二氧化碳排放控制在2.5亿吨以内。作为公共机构的重要组成部分，社会各界对学校节能环保工作重要性的认知和共识正在逐渐加强，《上海市节能低碳和应对气候变化"十三五"规划》明确要求2020年将学校的单位建筑面积能耗上升率控制在5%以内、学校能耗总量控制在42.9万吨标准煤以内，这些外部因素是学校节能环保的社会责任与现实压力。

内部因素的影响。"十三五"期间，本市深入推进教育综合改革，教育经费的投入和教育资源的配置将进一步加大；随着高层次人才培养需求的增加，以及国际教育交流与合作的更加频繁，作为学校能源消费的主体，在校生结构将进一步调整，研究生和留学生的比例将逐步提高；随着高水平大学建设工作的推进，部分学校所承担的科研工作不断加强，耗能强度高的实验室建筑占比逐渐增加；基于人才技能培养的职业教育发展迅速，实训条件将进一步提升；校园与社区的交融日趋增强，校内资源服务社会的频率不断提高。上述因素叠加都将会对学校能源使用强度和环境控制产生深刻影响。

二、总体战略

（一）指导思想

牢固树立创新、协调、绿色、开放、共享的发展理念，以贴近广大师生需求和服务教育改革发展为导向，牢固树立生态文明理念，坚持节约能源和保护环境的基本国策，提高能源效率，坚持科学发展、推进"四个率先"，全面落实节能环保战略方针，实现学校的可持续发展。

（二）基本原则

1. 统筹协调、分类指导。坚持把综合协调、整体推进作为基本方式，根据不同类型学校用能特点，研究制定不同节能目标、能耗标准和政策措施；

加强学校绿色发展的顶层设计，建立长效机制，实现学校节约能源资源和生态文明建设的常态化、长效化。

2. 完善体制、强化考核。坚持以依法治教、依法治校作为基本原则，更好地发挥政府配置能源资源的政策引导作用，健全学校节约能源资源和环境保护的制度，完善能源资源定额标准制度和合理用能指南体系，实现学校节能环保工作的规范化、制度化。完善学校节约能源资源和宣传教育的目标责任制，逐级分解并落实学校节能减排工作目标，强化考核作用。

3. 政府引导、市场推动。坚持把管理创新、技术革新作为节能环保的基本动力，充分发挥市场配置资源的决定性作用，推进学校节能管理体制机制、方式方法创新，积极引入社会资本参与学校节能技改服务工作。推广利用可再生能源和新能源、节能新技术新产品，推进节能减排技术创新，发挥新理念、新科技的支撑引领作用，为学校节约能源资源注入活力。

4. 发挥合力、共建共享。扩大节能环保与教育工作的融合程度，形成政府、学校、师生、社会组织和节能服务企业共同参与、共同建设、共享收益的"五位一体"模式。倡导绿色校园人人建设、人人参与、人人得益的理念，加强和扩大对师生的节能环保教育，以学校教育带动家庭和社会教育，真正形成节能环保从"教育零公里"抓起的氛围。

（三）发展目标

1. 总体目标

学校的能源消耗、碳排放总量和强度等指标得到有效控制，能源资源利用效率进一步提高，单位建筑面积能耗达到公共机构先进水平，能源结构进一步优化，可再生能源的占比持续上升，校园碳汇能力进一步增长，节能环保教育影响力持续提高，适应气候变化能力和支撑教育发展能力显著增强。

2. 具体目标

到2020年，单位建筑面积能耗较2015年增幅控制在5%以内，能耗总量不超过42.9万吨标准煤，二氧化碳排放总量不超过83.9万吨，节能低碳基本知识知晓度达到85%以上。相关工作目标见下表：

指　　标	目　　标	备　　注
能耗总量	<42.9万吨标准煤	高校及委属中等学校
单位建筑面积能耗	增幅<5%	以2015年为基准
CO_2排放总量	<83.9万吨	高校及委属中等学校
既有建筑节能改造	50万m^2	
学生社团或志愿者团队	100个	
青少年生态文明教育基地	100个	
节能环保专业培训	2 500人次以上	
节能低碳知识知晓率	85%	
新建新能源车充电桩	850个	
新增新能源汽车分时租赁点	50个	
高校及寄宿制中学节水型示范学校	>25%	

三、"十三五"重点工作

（一）生态文明教育工程

建立健全青少年生态文明教育的长效机制，基本建成"人人参与、人人受益"的青少年生态文明教育体系。制定青少年生态文明教育行动计划和实践大纲及生态文明教育考核评价体系。建立专业的生态文明教育专家库和社会公益组织名录，逐步形成一支专业的校园生态文明教育队伍。支持约100个青少年生态文明实践学生社团或志愿者团队，基本建成覆盖全市各级各类教育机构的生态文明教育组织网络。确立100个青少年生态文明教育实践基地，基本建成布局合理、种类齐全、特色鲜明、规模互补的多元化生态文明教育实践互动体系。完善和提升"上海学校节能环保监测平台"功能，建立生态文明教育信息平台和传播体系。

（二）低碳出行工程

统筹优化学校资源和师生出行需求，大力发展学校绿色交通。完善校园非机动车和慢行交通网络，推广校园自行车公共租赁模式，合理布局公共租赁网点，优化校园慢行交通环境。支持建立全市学校互联互通、共建共享、统筹协调的新能源汽车应用推广体系。推进学校新能源汽车公共充电设施的建设发展，鼓励第三方参与学校充换电设施、公共数据采集与监测平台的建设，新建850个学校新能源车充电桩。完善新能源汽车分时租赁网点的布局，新增50个新能源汽车分时租赁网点。大力推广学校公共用车采用新能源汽车。

（三）清洁能源工程

进一步优化学校能源消费结构，大力推广学校清洁可再生能源的实践应用。以"互联网+"为抓手，探索多能互补的能源管理体系建设，推广太阳能光伏、光热等可再生能源，鼓励学校或集中连片学校开展"互联网+"分布式能源中心试点建设。探索试点校园风光互补、平改坡光伏建筑一体化建设。大力推广热泵技术，鼓励学校结合学生生活、教学实验和食堂运行等热水需求实际，因地制宜，积极实施地源、水源和空气源热泵项目，提高清洁可再生能源在学校能源消费总量中的比例。

（四）绿色建筑工程

提高校园新建建筑能效水平，推动学校落实工程建设绿色建筑标准，新建建筑要求按照绿色建筑一星级及以上标准建设。推广新建筑应用高性能节能门窗和遮阳技术，符合条件的新建建筑项目推广实施装配式建筑。结合老旧建筑修缮，推进学校既有建筑节能改造，完成50万 m^2 既有建筑节能改造工作。推动和落实新建和既有改造建筑的室内环境第三方检测评估工作，确保学校建筑的室内空气品质。推动学校建筑集中空调、照明等重点用能设施设备的节能改造。实施学校20 000 m^2 以上大型公共建筑分项计量和能耗公示制度。推进绿色数据中心试点建设，提升数据中心节能环保水平。严格落实学校建筑夏季、冬季空调温度设置标准。开展学校建筑能效对标研究和评价试点工作。

（五）节约资源工程

优化校园整体规划和建筑设计布局，严格遵守土地规划，节约集约使用校内土地，合理开发利用学校地上、地下空间资源。严格执行节能环保产品强制采购制度和强制淘汰制度，优先采购高效、节能、节水、节材产品，淘汰国家明令淘汰目录产品。推进学校资产管理信息化建设，优化设施、设备等资源配置和使用。推广学校办公电子化、无纸化，倡导采用电视、电话的会议方式，减少使用纸杯、塑料袋等一次性办公用品，推广使用环保再生纸、再生鼓粉盒等资源再生产品。推进校园反对食品浪费行动，加强学生食堂精细化、标准化、集约化管理，降低食材损耗率。深入开展"光盘行动"，引导学生养成爱惜粮食、节约粮食的良好习惯。

（六）节约用水工程

落实最严格水资源管理制度，推动学校用水定额管理。"十三五"期间，在巩固本市已有节水型学校创建成果的基础上，全面推进100家节水型学校建设，本市高校和寄宿制中学节水型示范学校比例不低于25%。与市水务局联合开展节水型学校复评工作；月用水量3 000立方米以上的学校应按周期每五年开展一次水平衡测试，加强学校用水计量器具配备和管理，二级表计量率达到97.5%。推动学校开展内部用水实时监管网络系统建设，切实把水耗纳入学校节能监管体系，杜绝跑、冒、滴、漏等浪费水现象；鼓励学校采用合同节水管理模式实施节水技术改造，全面淘汰不符合节水标准的用水设备及产品，大力推广使用生活节水器具；推动各学校因地制宜地拓展河道水及非传统水资源利用途径，鼓励学校开展水资源循环利用和雨水收集等建设工程。

（七）循环经济工程

促进校园循环经济发展，不断提高学校资源利用效率和废弃物资源化利用水平。推进餐厨废弃物资源化利用，具备条件的学校要安装餐厨废弃物源头减量和就地资源化处理设备。继续推进生活垃圾分类，提高校园可再生资源回收利用率。建立学校资源回收利用长效机制，鼓励和引导学生开展循环经济领域创新创业实践，引进社会专业机构参与学校资源循环应用，推进校园废旧电子产品、学生生活用品等循环综合利用，推广应用智能型资源自动回收设备。支持学校二手书循环使用体系建设。

(八)生态环境工程

大力开展立体绿化和校园绿化建设。试点绿地低碳功能评估优化工程。推广学生食堂安装节能高效油烟净化设施和油水分离设施，保证油烟排放达标和油水回收与排放规范。加强校内建筑施工工地的扬尘污染控制，将扬尘、烟尘和挥发性有机物污染防治方案纳入施工企业相关合同和考核内容之中，创建绿色校园施工工地。加强校内道路扬尘污染控制，提高校园道路保洁率和保洁质量。推进《上海高校实验室能效提升和环境污染控制技术导则》的发布实施，切实改善实验室空气环境质量。推动学校建筑设备、机房等采取消声、隔振及减振措施，减少校园噪声及振动干扰。推进校园土壤、水质和空气环境的监测研究。

四、保障机制

为确保"十三五"学校节能环保工作总体目标的实现和相应重点工作落到实处，"十三五"期间重点建设并完善以下六大保障支撑体系：

（一）组织管理体系。2017年前落实重点用能高校节能管理职能部门及专业队伍建设；2018年前完成全市高校和各区教育部门节能环保工作架构建设，实现节能管理网络全覆盖；力争到2020年建立上下贯通、左右互联的学校节能环保组织管理体系。

（二）监测考核体系。明确目标责任和考核标准，结合能源利用状况报告审核、能源审计、能耗公示、水平衡测试、节能监察、合理用能评估等专项工作，全面评价学校节能环保工作成效，强化第三方评估和社会监督。"十三五"期间，全市年综合能耗5 000吨标准煤以上的学校现场考核率达100%，区教育主管部门节能工作推进情况考核率达100%。

（三）制度标准体系。一是政府规范性标准体系：涉及对学校权利和义务的规范，政府主导，委托第三方专业机构制订。二是行业指导性标准体系：加强对学校节能环保产业的宏观引导，鼓励有条件学校、行业组织和企业制订相关技术规范和标准。到2018年基本建立一整套适应上海学校节能环保管理需求的制度标准体系。

（四）技术支撑体系。在学校节能技改案例基础上，组织编写学校节能减排适宜技术节能产品应用目录清单。编制节约型学校、节水型学校创建指南，涵盖可再生资源、新能源的技术特点、实施条件和风险控制等信息。建立节能环保专家名录库，为学校的节能技术应用提供技术支撑。

（五）宣传培训体系。每年组织500人次以上的节能环保专项培训，会同相关部门组织节能宣传周活动、节能环保知识远程培训。"十三五"期间，年综合能耗5 000吨标准煤以上学校能耗统计人员、节能工作主管部门负责人、相关物业服务单位节能工作负责人参训率达100%，

（六）市场服务体系。完善节能环保咨询服务体系，不断探索产、学、研、教、管协同应用模式，助推节能环保服务产业发展。2017年建立学校节能环保服务咨询机构数据库，2018年前试点推进"互联网＋节能管理"的服务模式，提升节能咨询便捷性和针对性，到2020年初步建立适应上海学校节能管理需要的市场服务体系。

学校节能环保工作现状分析

一、调研设计

为推进上海高校节能环保现代化，根据市教委的要求，学校后勤协会节能环保管理专业委员会（以下简称为"能专会"）组织开展学校节能环保调研，特别是收集、整理各个学校节能改造重点项目建设与运行情况，了解高校节能环保工作开展情况以及存在的问题，为下一步上海推进高校节能环保工作提供依据。

能专会组织相关专家认真分析市教委对调研的要求，广泛征集高校委员（特别是常务委员）的建议，形成调研的内容和实施策略。

2019年5月—8月，能专会根据大调研的内容和策略，以复旦大学、上海中医药大学、上海财经大学、同济大学、上海交通大学、华东理工大学、上海大学、上海师范大学、东华大学、上海电力大学等高校为重点开展现场调研、专家访谈。2019年9月，根据现场调研情况，组织专家讨论，形成网络调研问卷。

问卷主要包括三个部分，第一部分为学校基本信息，主要调查学校的建筑面积、师生人数、总用水量、总用电量等；第二部分为学校节能环保工作开展现状，主要调查学校节能环保管理的组织架构、制度建设、运行经费、工作开展及特色工作、能源监管平台建设及运维情况、专家推荐等；第三部分为问题、需求及建议，主要调查学校在节能环保工作推进过程中存在的主要问题、需要市教委和能专会服务/支持的内容，以及对下一步开展节能环保工作的建议。

二、数据收集

以上海高校作为调查对象，调查于2019年10月9日—28日进行，通过线上发放并回收，共回收有效问卷55份。问卷采用实名制，覆盖了上海88%以上的高校，调查具有代表性（见表2.1）。

表 2.1 调查高校样本（按 2018 年总用电量排序）

序号	名称	序号	名称	序号	名称
1	复旦大学	20	上海交通大学医学院	39	上海东海职业技术学院
2	上海交通大学	21	上海建桥学院	40	上海出版印刷高等专科学校
3	同济大学	22	上海健康医学院	41	上海音乐学院
4	上海大学	23	上海电力大学	42	上海思博职业技术学院
5	华东师范大学	24	上海对外经贸大学	43	上海科学技术职业学院
6	华东理工大学	25	上海体育学院	44	上海电子信息职业技术学院
7	上海政法学院	26	上海第二工业大学	45	上海行健职业学院
8	东华大学	27	上海外国语大学	46	上海济光职业技术学院
9	上海科技大学	28	上海商学院	47	上海邦德职业技术学院
10	上海师范大学	29	上海城建职业学院	48	上海农林职业技术学院
11	上海理工大学	30	上海杉达学院	49	上海旅游高等专科学校
12	上海财经大学	31	上海纽约大学	50	上海震旦职业学院
13	上海海事大学	32	上海视觉艺术学院	51	上海交通职业技术学院
14	上海立信会计金融学院	33	上海公安学院	52	上海兴伟学院
15	上海电机学院	34	上海戏剧学院	53	上海海事职业技术学院
16	上海海洋大学	35	上海工商外国语职业学院	54	上海电影艺术职业学院
17	上海应用技术大学	36	上海立达学院	55	上海民远职业技术学院
18	上海中医药大学	37	上海工艺美术职业学院		
19	华东政法大学	38	上海中侨职业技术学院		

三、学校基本信息分析

学校基本信息以受访学校按照2018年上报市统计局口径的相关数据为基础，包括受访学校的建筑面积情况、用电量情况和用水量情况。

建筑面积在40万m^2以下的学校占69.1%，40万m^2以上的学校数占总数量的30.9%（表2.2）。根据调查数据，受访学校建筑面积均值为39.6万m^2，最大值为203万m^2，而最小值为4.4万m^2；40万m^2以上的学校合计总面积占受访学校总建筑面积的71.5%。

表2.2 受访学校的建筑面积情况

建筑面积（万m^2）	小 计	比 例
[0，10）	10	18.18%
[10，30）	23	41.82%
[30，40）	5	9.09%
[40，60）	6	10.91%
[60，100）	6	10.91%
[100，150）	2	3.64%
[150，200）	2	3.64%
[200，+∞）	1	1.82%
合计	55	100%

表2.3显示，用电量在1 000万度以下的学校占47.28%，3 000万度以上

表2.3 受访学校的用电量情况

用电量（万kW·h）	小 计	比 例
[0，500）	13	23.64%
[500，1 000）	13	23.64%
[1 000，2 000）	10	18.18%

(续表)

用电量(万 kW·h)	小 计	比 例
[2 000, 3 000)	5	9.09%
[3 000, 4 000)	5	9.09%
[4 000, 5 000)	3	5.45%
[5 000, 10 000)	2	3.64%
[10 000, +∞)	4	7.27%
合 计	55	100%

的学校为14家,占受访学校总数的25.45%。根据调查结果,这14家学校的用电量占受访学校总用电量的71.37%。由此可见重点用能高校节能减排工作对于上海高校系统的重要性。

表2.4显示,用水量在100万吨以下的高校占受访学校总数的76.37%,用水量在100万吨以上的学校占比为23.63%。根据调查数据,用水量在100万吨以上的学校的总用水量占总受访学校总用水量的70.68%。

表2.4 受访学校的用水量情况

用电量(万吨)	小 计	比 例
[0, 50)	29	52.73%
[50, 100)	13	23.64%
[100, 200)	4	7.27%
[200, 300)	5	9.09%
[300, 400)	1	1.82%
[400, +∞)	3	5.45%
合 计	55	100%

四、用电量、用水量影响因素分析

本文首先分析了用电量和建筑面积的关系,详见图2.1和图2.2。

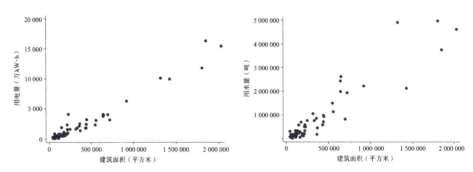

图2.1　受访学校用电量与建筑面积的关系　　图2.2　受访学校用水量与建筑面积的关系

为了更好地分析用电量与建筑面积、学生人数、教职工人数的关系,本文采用多元线性回归方程对其关系进行模拟,模拟结果如图2.3所示。

结果显示,回归模型整体显著,模型拟合结果好。学校建筑面积、学生人数和教职工人数对于学校的总用电量具有显著影响,其中建筑面积和教职工人数在0.001%水平上显著,学生人数在0.05%水平上显著。建筑面积对

```
. regress esum area students teachers

      Source |       SS       df       MS              Number of obs =      55
             |                                         F(3, 51)      =   408.17
       Model |  678375532        3   226125177         Prob > F      =   0.0000
    Residual |  28253704.7      51   553994.21         R-squared     =   0.9600
             |                                         Adj R-squared =   0.9577
       Total |  706629237       54   13085726.6        Root MSE      =   744.31

        esum |      Coef.   Std. Err.      t    P>|t|     [95% Conf. Interval]
        area |   .0061553   .0009541     6.45   0.000     .0042398    .0080707
    students |  -.0425668   .0168091    -2.53   0.014    -.0763126   -.0088211
    teachers |   .7530521   .2703683     2.79   0.007     .2102652    1.295839
       _cons |  -361.1666    140.199    -2.58   0.013    -642.6278   -79.70544
```

图2.3　用电量与建筑面积、学生人数、教职工人数的关系

用电量的影响是众所周知的，然而教职工人数的影响更值得注意，进一步分析发现，教职工人数与建筑面积线性相关，符合了高校"筑巢引凤"的基建思路。

同样，采用多元线性回归方程对用水量与建筑面积、学生人数、教职工人数关系进行模拟，模拟结果如图2.4所示。

```
. regress wsum area students teachers

      Source |       SS       df       MS              Number of obs =      55
-------------+------------------------------           F(  3,    51) =  169.73
       Model |  7.4421e+13     3  2.4807e+13           Prob > F      =  0.0000
    Residual |  7.4537e+12    51  1.4615e+11           R-squared     =  0.9090
-------------+------------------------------           Adj R-squared =  0.9036
       Total |  8.1875e+13    54  1.5162e+12           Root MSE      =  3.8e+05

        wsum |      Coef.   Std. Err.      t    P>|t|     [95% Conf. Interval]
        area |   .3154499   .4900557     0.64   0.523    -.668378    1.299278
    students |   4.579768   8.633646     0.53   0.598     -12.753    21.91253
    teachers |   605.6024   138.8689     4.36   0.000     326.8114    884.3934
       _cons |  -103840.9   72010.23    -1.44   0.155    -248407.5    40725.65
```

图2.4　用水量与建筑面积、学生人数、教职工人数的关系

结果显示，回归模型整体显著，模型拟合结果很好。学校建筑面积和学生人数对于学校的总用水量影响不显著，但教职工人数对用水量的影响是显著的。由于存在管网漏水，而且各个学校的管网条件不同，漏损率也不同，模型的拟合结果比较符合现状。

五、节能环保管理现状

本文分别对受访学校的组织建设情况、运行经费、制度建设、工作开展及特色情况、能源监管平台建设及运维情况、专家推荐情况进行分析。

1　体系建设情况

受访学校的节能环保管理部门建设情况详见表2.5。45.46%的学校还没

有设置（或挂靠）科级及以上的节能环保管理部门，32.73%的学校没有专职管理人员。该结果表明，按照科级管理部门的要求，接近一半的学校还需要筹建专门的管理部门或明确相关部门的职责。

表2.5 受访学校的节能环保管理部门设置情况

部门设置情况	小 计	比 例
处级单位	3	5.45%
科级单位（含挂靠）	26	49.09%
正在筹建，但有专职人员	2	3.64%
没有，但有专职人员	5	9.09%
没有，都是兼职人员	18	32.73%
合计	55	100%

在节能环保管理人员人数上，67.27%的学校人数在2人及以下，18.18%的学校人数为3人，超过3人的学校占14.55%。在具有节能环保专业背景的人员配置上，30.91%的学校一个也没有，54.55%的学校有1人，32.73%的学校有2人，12.73%的学校有2个人以上。该结果表明，大多数学校的节能环保管理人员中有专业背景，但人数偏少，下一步要推进绿色校园工作，各学校既要考虑引进相关人员，也应考虑加强培训。

在制度建设上，表2.6显示，垃圾分类实施管理办法、节能管理办法、空调使用管理办法和水电收费管理办法在受访学校中制定比例都在60%及以上，节能减排"十三五"规划和重点设备/设施节能管理办法的制定比例在25%左右，有10所高校制定了指标定额管理办法，占18.18%。该结果表明，制度建设的情况与上海市的要求和学校的要求密切相关，2018年上海重点推进垃圾分类，超过75%的受访学校制定了相关办法。与"十二五"相比，各学校的制度健全程度有很大提高，这与学校的重视程度相关，制定了指标定额管理办法的学校都实施了指标定额。另外也说明了制度建设的重要性。从收费学校的制度建设来看，"十四五"期间制度建设还需要进一步加强和

学校节能环保工作现状分析

表2.6 受访学校的制度建设情况（多选题）

制度建设	小 计	比 例
节能管理办法	37	67.27%
水电收费管理办法	33	60%
指标定额管理办法	10	18.18%
空调使用管理办法	34	61.82%
节能减排"十三五"规划	14	25.45%
楼宇用能管理办法	8	14.55%
重点设备/设施节能管理办法	13	23.64%
垃圾分类实施管理办法	43	78.18%

完善。

表2.7显示，受访高校已经实施计划定额的占18.18%，计划实施的占56.36%。另外也说明了"十四五"期间，指标定额管理需要进一步加强和完善。

表2.7 学校能源指标定额实施情况

定额实施	小 计	比 例
已经实施	10	18.18%
计划实施	31	56.36%
无计划	14	25.45%
合计	55	100%

2 节能环保工作开展情况

我们对受访学校近几年主要开展的节能环保工作及其特色工作进行了详细调查，详细情况如表2.8所示。

表2.8　学校开展的节能环保工作及其特色工作情况（多选题）

工作类型	工作开展小计	工作开展比例	特色工作小计	特色工作开展比例	特色工作占比
节水校区建设	39	70.91%	25	45.45%	64.10%
节能监管平台建设	45	81.82%	34	61.82%	75.56%
节能改造项目	35	63.64%	20	36.36%	57.14%
用能定额管理	10	18.18%	8	14.55%	80.00%
合同能源管理	19	34.55%	13	23.64%	68.42%
节约型公共机构创建	18	32.73%	12	21.82%	66.67%
节能环保宣传教育	41	74.55%	18	32.73%	43.90%
餐厨垃圾资源化处理	18	32.73%	13	23.64%	72.22%
新能源汽车充电桩建设	37	67.27%	26	47.27%	70.27%
垃圾分类项目	49	89.09%	26	47.27%	53.06%
非常规水资源利用	10	18.18%	6	10.91%	60.00%
光伏发电项目	12	21.82%	9	16.36%	75.00%
绿色校园网站建设	11	20%	6	10.91%	54.55%
太阳能/空气源热水项目	40	72.73%	31	56.36%	77.50%

数据显示，学校开展的节能环保工作与政府的重视程度强相关，垃圾分类项目、节能监管平台建设、节能环保宣传教育、太阳能/空气源热水项目、节水校区建设和节能改造项目分别为89.09%、81.82%、74.55%、72.73%、70.91%和63.64%。另外项目的开展也与学校的需求、项目实施的可行性有很大关系，如新能源汽车充电桩，没有政府的经费支持，项目实施的比例也达到了67.27%。当项目在学校需求不迫切、实施难度高时，项目实施的比例就比较低。同时，上海高校实施的项目中约70%的项目实施和运行良好，被所在学校认为是特色项目。由此，在"十四五"期间，一方面需要加强理

论和新技术的培训，加强案例总结，建立和完善实施导则，降低项目实施难度，激发学校需求；另一方面，积极加强对新技术的评估，利用新的节能环保技术，促进节能环保工作的现代化。

近几年，各个学校涌现出一批在节能环保工作中表现突出的节能环保管理人员。为更好地推进上海市高校节能环保管理工作，建议各个学校积极推荐专家。各校的专家推荐详细情况如表2.9所示。

表2.9 专家推荐情况（多选题）

专家领域	小计	比例
节能监管平台建设与运维	18	32.73%
用能定额管理	3	5.45%
节水改造及非常规水源利用	7	12.73%
节能改造项目（照明、空调、热水等）	19	34.55%
合同能源管理	10	18.18%
宣传教育（宣传活动、网站建设）	8	14.55%
运行保障（变电所等）	15	27.27%
无专家推荐	13	23.64%

数据显示，在各个领域都有学校推荐专家，在市教委专项支持最高的"节能监管平台建设与运维"和"节能改造项目（照明、空调、热水等）"上，推荐的专家最多，为受访高校的三分之一。

3 运行保障/运维管理服务情况

近几年，随着学校后勤推进社会化改革，在高压变电所运维、能源监管平台运维和楼宇能源管理等方面采用外包的学校逐渐增多，我们针对这几个方面进行了调查，详细情况见表2.10—表2.12。

数据显示，在专业技能要求比较高的高压变电所运维、能源监管平台运维，多数高校已经采用部分外包或全部外包的形式。但在楼宇能源管理方面，多数是楼宇产权人/使用人自行管理或物业人员兼职管理。

表 2.10　高压变电所运维服务情况

外包情况	小计	比例
学校自行管理	18	32.73%
部分外包	15	27.27%
全部外包	22	40%
合计	55	100%

表 2.11　能源监管平台运维管理情况

运维管理情况	小计	比例
学校自行维护	12	21.82%
部分外包，部分学校运维	17	32.73%
与企业签订托管协议（即全部外包）	15	27.27%
无人维护，系统处于废弃状态	2	3.64%
建设中或无平台	8	14.55%
合计	55	100%

表 2.12　学校大型楼宇／重点用能楼宇能源管理情况（多选题）

定额实施	小计	比例
楼宇产权人/使用人自行管理	22	40%
物业人员兼职管理	34	61.82%
外包给节能服务公司	4	7.27%
外包给物业公司	13	23.64%
中央空调等有校方专人管理	22	40%
空调运维外包	31	56.36

4　能源监管平台建设及运维情况

作为推进节能环保工作的重点支撑，能源监管平台的建设和运维非常重要。为此，我们从平台建设情况、运维经费情况进行调研，详细情况如表2.13、表2.14所示。

表 2.13 能源监管平台建设情况

建 设 情 况	小 计	比 例
已经建成，且运行良好	15	27.27%
已经建成，但运行一般	23	41.82%
已经建成，但运行效果不佳	2	3.64%
建设中	6	10.91%
已经列入计划	6	10.91%
没有计划	3	5.45%
合计	55	100%

表 2.14 学校能源监管平台年运维经费情况

运维经费（万元）	小 计	比 例
0	15	27.27%
[0, 10)	27	49.09%
[10, 30)	9	16.36%
[30, 50)	3	5.45%
[50, +∞)	1	1.82%
合 计	55	100%

数据显示，总共有40所学校完成平台建设，但运行良好率仅为37.5%，多数运行效果一般，还有两家运行效果不佳。

根据我们的调查结果，多数学校缺乏专项运维费用。平台运行良好的15所学校中，只有1所自行管理，5所完全外包，9所部分外包。能源监管平台运行良好的学校，全部已经实施指标定额或计划实施指标定额；而运行一般的学校只有60%已经实施或计划实施指标定额；已经实施指标定额的10所学校中，6所平台运行情况良好，4所运行情况一般。

因此，可以推断学校实施指标定额对于能源监管平台运行状态非常重要。

六、问题、需求及建议

我们对各个学校在推进节能环保工作中面临的难点、下一步拟开展的工作、需要市教委/能专会服务的需求进行了详细调研。

表2.15显示,各学校普遍存在人员配备不足、缺少专业技术人员和经费不足的问题,经验欠缺和专业人才难寻的难点约占40%。因此在"十四五"期间,除了呼吁各学校加强配备相关人员外,市教委或能专会应建立节能环保工作人员培训机制和专家支持的支撑服务体系,积极探索社会企业如何更好地参与学校的节能环保工作,以弥补专业人员不足。

表2.15 学校开展推进节能环保现代化工作的难点(多选题)

难点	小计	比例
人员配备不足	45	81.82%
缺少专业技术人员	47	85.45%
经费不足	44	80%
领导不够重视	9	16.36%
对管理和服务整体水平提出更高要求,内部阻力大	15	27.27%
缺乏经验和了解,不知道该如何入手	21	38.18%
专业人才晋升困难,没有晋升通道,难以招聘	19	34.55%

表2.16显示,下一步各学校计划开展的工作中,节能环保宣传教育、垃圾分类项目占比均约50%,节能监管平台建设、节水校区建设、节能改造项目占比约40%,合同能源管理项目、新能源汽车充电桩建设、太阳能/空气源热水项目占比约30%。

表2.17显示,各学校希望教委对政策和经费支持需求非常高,在其他选项中,主要是业务指导与培训。

表2.18显示,各学校对经验交流会、优秀案例现场学习、业务培训的需求最高,占比80%以上,专题研讨也占了65.45%;对专家推荐、项目申报指导、优质企业推荐的需求占比约50%。

学校节能环保工作现状分析

表 2.16 学校计划开展的节能环保工作（多选题）

工作内容	小计	比例
节水校区建设	23	41.82%
节能监管平台建设	23	41.82%
节能改造项目	20	36.36%
用能定额管理	8	14.55%
合同能源管理项目	16	29.09%
节约型公共机构创建	11	20%
节能环保宣传教育	30	54.55%
餐厨垃圾资源化处理	10	18.18%
新能源汽车充电桩建设	16	29.09%
垃圾分类项目	27	49.09%
非常规水资源利用	7	12.73%
合同节水管理	6	10.91%
光伏发电项目	9	16.36%
绿色校园网站建设	10	18.18%
太阳能/空气源热水项目	17	30.91%

注：节水型校区建设不含合同节水管理；节能改造项目包括常规性的空调、照明、维护结构等内容，不包括光伏发电项目，太阳能/空气源热水项目，以及合同能源管理项目。

表 2.17 希望教委提供的支持情况（多选题）

范围	小计	比例
政策支持	48	87.27%
经费支持	50	90.91%
其他（业务指导与培训）	6	10.91%

表 2.18　希望能专会提供服务情况（多选题）

工 作 内 容	小 计	比 例
专题研讨（如定额指标、节能改造、合同能源管理、新能源车充电桩等）	36	65.45%
经验交流会（如定额指标、节能改造、合同能源管理、新能源车充电桩等）	44	80%
优秀案例现场学习	45	81.82%
专家推荐	27	49.09%
理论研究	14	25.45%
业务培训	47	85.45%
项目申报指导	26	47.27%
节能环保先进评比	16	29.09%
优质企业推荐	26	47.27%

节能改造项目

一、复旦大学光华楼综合节能改造项目

复旦大学　黎春仁

项目类型：楼宇综合节能改造
项目性质：上海市公共建筑节能改造重点城市示范项目（合同能源管理）
项目实施单位：上海普天能源科技有限公司

1　项目背景

复旦大学光华楼2005年建成，建筑面积为110 047 m^2，整幢楼高达142米，是一座集教学、办公、科研、会议等功能为一体的综合性大楼，主要能耗为电能，2010、2011、2012、2013年用电量分别为785.39万 kW·h、821.09万 kW·h、864.43万 kW·h、926.70万 kW·h。该建筑照明系统、空调系统改造前主要存在以下问题：（1）建筑内公共区域、办公室、阅览室、教室照明基本为荧光灯，且照明灯具使用时间较长；（2）中央空调的水系统和风系统均为无变流量控制，空调使用季节运行时间为8：00—21：00，缺乏精细化管理；（3）卫生间通风设备常年开启，无智能控制；（4）地下车库照明为荧光灯且车位灯常年开启。

针对上述问题，为促进节能降耗和提升管理水平，学校2014年拟对光华楼进行整体节能综合改造，实现节能率不低于20%的目标。

该项目通过对光华楼内的空调系统、照明系统进行设备节能与智能化改造，以达到提升管理水平和节能降耗的目的。

2　建设方案

项目在针对光华楼照明及空调系统诊断的基础上，以高能效设备替代低能效设备并实施智能管理。在保证不降低照度的前提下，用功率更低的LED平面灯替换原有的荧光灯，使照明功率下降50%以上；空调风机、水泵采用变频技术，降低空调能耗；对于大功率的饮水机加装定时开关，减少设备夜间能耗。

建设方案主要包括以下内容：

（1）采用LED平面灯替换原有荧光灯；

（2）地下车库停车位照明灯具控制采用感应灯智能控制；

（3）空调系统上，对空调冷水泵、风机加装了变频控制设备，并对空调区域的温度调节控制装置进行改造，增加空调末端智能控制；

（4）卫生间通风设备更换为能效更高的设备并安装定时器；

（5）对办公及教学区的辅助设备安装智能插座控制系统；

（6）完善用能计量监测管理系统。

3　实施情况

学校确定该项目采用合同能源管理后，在2013年12月进行公开招标。上海普天能源科技有限公司（以下简称"普天能源"）中标，总投资850万元，复旦大学出资400万元，普天能源出资450万，采用10年期限合同能源管理的节能效益分享模式。项目于2014年3月开工，2014年10月完成全部改造。2015年6月通过专家评审，该项目获得上海市公共建筑节能改造重点城市示范项目，目前各系统始终保持正常运行。

该方案采用的设备和技术都是当前市场比较成熟的，稳定性高，如LED技术、感应灯智能控制技术、变频技术、智能插座、空调末端控制系统和定时器，这些技术在很多高校都有应用。

3.1　经济效益

该项目经济效益显著，经过第三方上海市质量监督检验技术研究院对2014年7月—2015年7月期间的用能数据审核及节能技术应用的评定，光华楼综合节电量为1 788 909 kW·h，相当于537吨标准煤（等价值），节约电费113万元/年，项目节能率为22.5%。

3.2　社会效益

光华楼是国内高校单体建筑面积最大的楼宇，光华楼节能综合改造是复旦大学首次采用合同能源管理模式实施的节能改造项目，对复旦大学甚至是上海地区高校的大型建筑节能改造提供了可行性方案参考，具有示范性作用。

4　运行维护情况

该项目采用甲方主导的混合管理模式，即甲方委托物业、设备维保单位及项目实施方联合运维，相互配合。光华楼节能综合改造服务期为十年，目前已经进入合同期第六年，设备运行良好。除了LED灯具有部分驱动需要更换外，需要更换的光源设备不多。需要更换的灯具主要是因为风机盘管堵塞冷凝水滴到灯具上，造成灯具短路后烧坏设备本身。为此，复旦大学要求空调维保单位和物业一起对光华楼中央空调风机盘管进行了全面的检查，排除故障，杜绝类似事故再次发生。

光华楼综合节能改造实际还有另外两项内容：一是每个房间安装了电力载波智能电表，二是每个房间安装了空调末端控制系统。电力载波虽然在施工中更便捷，但从实际使用效果看，数据上传、统计均不太理想。光华楼的中央空调（风冷热泵机组）末端控制采用直接在面板上限制空调设置低于或高于规定温度就关闭房间内风机的策略（夏天，只要控制面板设定温度低于26度，就直接关闭风机；同理，冬天，设定温度高于20度就直接关闭风机），师生的体验感不好，后来更改了以室内温度判定方式控制，由于中央空调自身原因（运行时间十年，效果大不如前），室内温度很少低于或高于限制的温度（夏天不低于26度，冬天不高于20度）。因此，这部分功能没有达到应有效果。建议类似改造项目能吸取上述经验教训。

5 适用分析

5.1 技术推广

该项目采用技术成熟，适合于拥有中央空调的大型楼宇。采用合同能源管理模式进行节能改造的楼宇应有完备的计量系统，以及有分项计量，并积累一定年限的历史能耗数据（一般稳定期一年，否则最好有三年以上历史数据）。

5.2 经济适用性

该项目总投资较高，节能率较好，但其经济适用性主要与建筑总能耗和当地电价相关，高校项目投资回报期一般在5—10年。

5.3 运行维护模式

该项目采用甲方主导的混合管理模式，即甲方委托物业、设备维保单位及项目实施方联合运维，相互配合。项目运行效果良好，适用于职责分工明确的场景。

二、上海大学图书馆建筑综合节能改造项目

上海大学　张　萌

项目类型：楼宇综合节能改造
项目性质：上海市公共建筑节能改造重点城市示范项目（合同能源管理）
项目实施单位：上海环创机电工程有限公司

1　项目背景

上海大学宝山校区图书馆建筑建于1999年，总建筑面积39 176.2 m^2，地下一层，地上8层，建筑总高度39.3米。该建筑由主楼和裙楼组成，主楼主要功能为图书检索、典藏、阅览（包括电子阅览）、会议及办公等，裙楼主要为档案馆、报告厅和会议室。

图书馆采用中央空调系统，空调冷热源为2台制冷量1 750 kW、制热量1 550 kW的直燃型溴化锂冷温水机组，未安装空调自控系统，日常管理主要靠人工手动控制；室内照明系统主要采用嵌入式格栅灯，光源采用普通型荧光灯；玻璃幕墙为单层白玻璃。

随着图书馆使用年限的增加，特别是溴化锂机组所使用的柴油的价格日益增高，图书馆的运行费用也逐年增高。为降低图书馆运行能耗，减少运行管理费用，2014年经学校讨论研究决定采用合同能源管理模式对图书馆进行节能改造。

2　建设方案

图书馆综合节能改造主要包含空调系统改造、照明系统改造、玻璃幕墙改造及楼宇控制系统（简称"BA系统"）安装。同时，为便于后期核算节能量，楼宇安装了分项计量系统。

2.1　空调系统改造

图书馆空调系统冷热源采用2台直燃型溴化锂机组，安装于地下一层空调机房，屋顶配置2台冷却塔，每层安装3台组合式空调箱，满足室内各区域空调使用需求。

本次改造拆除原有的2台直燃型溴化锂机组及1台冷却塔，并对空调水

系统进行改造。原有溴化锂机组位置安装1台制冷量为965 kW的磁悬浮机组（图3.1），屋顶安装2台制冷/热量为1 029 kW的满液式风冷热泵机组。

改造完成后，图书馆冬季供热均由风冷热泵机组（图3.2）承担，夏季制冷优先开启能效比较高的磁悬浮空调主机。当建筑制冷负荷高于磁悬浮制冷负荷时，开启风冷热泵机组作为补充冷源。通过这种双冷源互为备用的方式，确保图书馆空调稳定运行。

图3.1　磁悬浮机组

图3.2　风冷热泵机组

2.2　照明系统改造

改造前，图书馆照明系统光源主要采用荧光灯，部分区域照度较低。为改善图书馆照明条件，营造良好的阅读学习环境，改造项目在充分利用原有灯具的基础上，采用LED光源替换原有荧光灯。

2.3　幕墙保温隔热贴膜改造

图书馆门窗玻璃为单层白玻璃，且没有做任何保温隔热处理，在空调运行季节，很多能量由窗户直接散失出去。特别是在图书馆南面，夏季阳光直射室内，不仅不利于师生的工作、学习，还增大了空调的负荷。

由于图书馆南面为弧形结构并向上倾斜，门窗面积大约1 200 m^2，是影响图书馆保温隔热效果的主要因素。为了降低空调能耗，也为了给师生创造一个良好的学习、工作环境，综合考虑项目的投资成本及节能效果后，改造项目对图书馆南面门窗进行贴膜处理。

2.4　空调自控系统改造

改造前，图书馆的空调系统日常运行全部靠人工管理，未采用自动控制系统。由于人工管理的时效性和准确性不高，不能根据空调负荷的变化实时调控，不仅浪费了大量的能源，同时图书馆室内温度还时常出现过低或过高的现象，室内环境的舒适性得不到保证。

此次节能改造项目安装了空调自动控制系统，主要控制对象包括空调主机、空调水泵及管路电磁阀。基于房间温度的空调主机台数控制、空调水泵台数控制、空调管路控制等控制系统实现空调主机、组合式空调箱自动化运行。

3 实施情况

3.1 项目投资

该项目采用合同能源管理的节能效益分享模式，相关系统及设备改造总投资443万元由乙方承担，市教委专项支持80万元用于项目所需配电系统改造。节能效益分享期为7年。

3.2 改造效果分析

改造项目于2014年7月开始，2014年12月完成，从2015年1月开始进入节能分享期。项目完成后运行稳定，节能效益达到预期目标。根据实际运行情况看，项目每年节约标准煤380吨左右（等价值），节能率大约30%。不考虑资金成本和运维成本的条件下，节能服务公司在第四年可以收回项目投资，整体效果比较理想，符合预期。

本项目是在图书馆原来的基础上进行改造，充分利用了原有的冷水机组系统和附属的管道。不过项目要分别考虑冬季供暖和夏季制冷的需求，前期投入较大，同时需要结合照明节能和玻璃幕墙贴膜，才能达到最优的节能效果。

4 运行维护情况

本项目采用合同能源管理模式，图书馆的日常运行维护由乙方负责，维护费用包含在乙方节能分享效益内；由图书馆使用单位对其运行服务质量进行监督考核，学校能源办对节能效益进行核算。

5 适用分析

5.1 技术推广

本项目所采用的各项节能技术均比较成熟，对于建筑面积较大且中央空调采用水冷机组的建筑具有明显的节能效果，具有一定的可复制性，适用于甲方由于资金缺乏无法靠自有资金完成节能改造或改造技术复杂需要乙方长期进行维保管理的项目。

5.2 经济适用

对于可实行节能效益分享型的合同能源管理项目，如果进行建筑整体用能改造，其节能潜力普遍较高，投资回收期一般在4年左右。

5.3 运行维护模式

该项目运行维护模式适用于类似于中央空调运行等维护技术要求比较高，需要专业公司负责运行维护的场景。

三、上海大学体育馆群楼空调节能改造项目

上海大学　张　萌

项目类型：空调节能改造
项目性质：学校自筹项目
项目实施单位：上海浦公节能环保科技有限公司

1　项目背景

上海大学体育馆群楼包括体育馆楼、游泳馆楼和体育学院楼三部分，主要功能有室内运动场、室内游泳馆、办公室、训练室等。改造前，体育馆群楼采用中央空调系统，空调冷源由设置在空调机房内的3台水冷螺杆机供给；空调热源原本由学校锅炉房提供蒸汽经板式换热器供给，2012年学校进行太阳能热水改造后，学校锅炉房停止使用，体育馆空调热源改为燃气热水锅炉供给；空调水系统采用4管制，冷热水管独立设置；空调风系统采用全空气系统，12台组合式空调箱分别设置在体育馆各个空调机房内。空调冷却塔采用3台横流式冷却塔，设置在空调机房屋顶，体育馆空调系统未设置BA系统。

体育馆空调系统自2002年建成后即投入使用，由于使用时间较长，老化严重，改造前已有一台机器无法正常运行，严重影响学校正常教学工作的开展。特别是体育馆在举办一些重大活动时，人流量增多，对中央空调机组的快速制冷能力提出了更高的要求。除此之外，体育馆在保障学生日常的课程学习以及体能训练的同时，对机组运行时所产生的噪音及效果稳定的持续性有严格要求。学校急需能耗低、噪音低、运行稳定的空调机组替换现有螺杆机。

为了更好地服务师生和推进节能降耗，学校2017年启动体育馆群楼节能改造项目。为响应国家建设节约型社会、节约型校园的号召，上海大学在中央空调等配套设施的应用上非常重视节能，此次体育馆空调系统改造项目采用能效比较高的磁悬浮中央空调替换原有的螺杆机。

2 建设方案

由于体育馆空调系统使用时间较长,系统各部分均存在不同程度的老化现象。为保障体育馆空调系统稳定高效运行,此次体育馆中央空调系统改造除更换空调主机外,还对空调冷冻水系统、冷却水系统、末端设备、冷却塔进行了相应的改造并安装了空调控制系统。

2.1 空调主机改造

体育馆空调系统改造工程综合考虑改造的简便性、经济性及节能性,空调主机改造采用"一对一"更换的原则,采购2台制冷量为1 407 kW的磁悬浮空调主机(图3.3)替换原有螺杆机中的两台,且新采购的磁悬浮空调主机尺寸比原有螺杆机更小,不需要对空调机房进行大的改造,减少了改造成本。

图3.3 磁悬浮空调主机

2.2 空调水系统改造

体育馆空调水系统采用四管制,冷热水管独立。由于使用时间较长,缺少有效保养，水管保温及保护出现大面积破损，裸露在外的水管腐蚀较为严重，特别是阀门、温度表、压力表等管道附属设施老化严重，部分阀门处出现漏水现象，需要进行统一的更换。

（1）机房内水管更换

为便于现有主机拆除及新主机安装，空调机房内的冷冻水管、冷却水管需进行拆除作业。考虑到主机安装完成后采用原有水管焊接难度较大，故空调机房内空调水管更换新的无缝钢管进行安装和接驳。

（2）管道保温及保护更换

空调主机安装接驳完成后，拆除原有水管保温和保护，对水管表面进行除锈作业，重新刷防腐漆并敷设新的保温和保护。

（3）水系统内部清洗

空调水管内，由于长期未进行清洗工作，管内铁锈等附着物较多，影响了水系统的运行效果。为了改善制冷效果、节约能源、减少维修费用、延长设备的使用寿命，中央空调的冷冻水系统有必要进行彻底的化学清洗、消毒处理。

2.3 空调冷却塔改造

体育馆空调冷却水系统的3台冷却塔老化严重，冷却能力下降，考虑到改造成本及实用性，本次改造不对冷却塔进行整体更换，仅进行功能性翻新，包括更换冷却塔配件及结构除锈防腐等。冷却塔散热材料由于使用时间较长，内部堵塞严重，散热效果不佳，本次改造对现有的散热材料进行拆除并安装新的散热材料。

2.4 组合式空调箱及风系统改造

由于空调箱过滤器使用时间较长，积尘较多，堵塞严重，空调箱风量已经实质性下降，并影响了空调的使用效果。本次改造对12台空调箱的过滤器进行整体更换。体育馆空调风管采用不锈钢风管，外敷保温板，目前部分保温板已脱落损坏，本次改造对已损坏的保温板进行更换，同时利用清洗机器人对风管内部进行除尘清洗。

2.5 安装空调控制系统

体育馆原空调系统未安装空调控制系统，空调箱采用一键启停方式，不能根据室内实际温度自动调整制冷量，既浪费能源，也不能很好满足体育馆、游泳馆的实际需求。

鉴于体育馆、游泳馆主要空调设备较少，且空调主机本身自带控制系统，从经济性角度考虑，无需对整个中央空调系统实现自动控制，只需对12个空调箱安装温度控制装置即可。安装温度控制装置后，空调箱可以根据室内空调温度自动调整制冷量，在满足室内空调使用需求的同时，减少电力消耗量。

3 实施情况

该项目由学校自主建设，总投资273万元，于2018年7月开始改造，2018年12月完成。自投入运行以来，各方面表现稳定，最大程度上实现了节能需求，充分发挥了磁悬浮空调机组稳定、高效、静音的优势。

此次空调改造仅把原有3台螺杆机中的2台替换成磁悬浮机组，还保留1台螺杆机作为备用。为衡量空调主机的节能效果，于2019年5月中旬在保持室内空调温度设定值相同、空调开机时间相同的情况下，分别开启磁悬浮机组和螺杆机机组，并对用电量进行监测。监测数据显示，在5天的运行过程中，螺杆机总用电量为9 155.27 kW·h，磁悬浮主机总用电量为5 239.31 kW·h，与螺杆机相比，用电量节省3 875.96 kW·h，空调主机节能率达到42.5%。

4 运行维护情况

体育馆空调系统改造完成后采用混合管理模式，日常运行由学校体育中心自主管理，日常的维保则由空调维保单位负责，定期进行保养检修以确保空调系统能够稳定运行。

5 适用分析

5.1 技术推广

相比较于螺杆机和离心机，磁悬浮空调主机具有以下优点：

（1）运行平稳可靠，使用寿命长

由于磁悬浮空调压缩机采用电机直接驱动，无增速齿轮，无机械摩擦，从源头上提高机组的可靠性和延长机组使用寿命。

（2）节能高效，维护成本低

磁悬浮空调机组部分负荷最高能效比可达到34.58，综合能效比最高可达13.18，可实现40%以上的节能率。由于磁悬浮空调主机实现了无油运行，使用过程中无需换油，减少了后期维护成本。

（3）超低音运行

由于磁悬浮压缩机部件实现悬浮，无摩擦运行，结构振动接近零，运行噪音低，无需安装减震配件和隔音机房，降低安装和降噪成本。

（4）低电流启动，对电网无冲击

启动电流很低，仅需2A便可启动，无需软启动器，对电网无冲击。

经过多年的发展，磁悬浮空调目前技术已成熟，可广泛用于学校、医院、办公楼、厂房等建筑。

5.2 经济适用

相较于传统的螺杆机和离心机，磁悬浮空调虽然前期建设成本高，但后期的运行能耗仅为螺杆机的一半左右，且维护成本较低。投资回报时间一般在3年左右。由于磁悬浮机组的使用寿命长达30年，明显高于传统的螺杆机和离心机，若考虑其全生命周期的使用费用，经济效益将更加显著。

5.3 运行维护模式

中央空调系统相对比较复杂，需要定期进行维护并派专人负责日常运行管理，适合采用混合管理模式或托管模式，通过建立完善的管理标准并加强监督确保其稳定高效运行。

5.4 适用范围

虽然磁悬浮空调主机优点显著，但由于其核心部件压缩的压缩比受限，不能用于冬季供暖，仅能用于夏季制冷，所以还需要考虑安装一套冬季供暖系统；另外，磁悬浮冷水机组同其他冷水机组一样，需要配套建设冷却水塔，对安装位置条件有相应的要求；最后，在相同制冷能力下，磁悬浮的采购成本要高于传统的螺杆机和离心机。

四、华东师范大学道路照明节能改造项目

华东师范大学　许　芹

项目类型：路灯节能改造
项目性质：市教委生态文明教育示范项目
项目实施单位：上海灿润电器仪表成套有限公司

1　项目背景

华东师范大学闵行校区2004年启用。闵行校区主要有6米高路灯和8米高路灯两种：6米高路灯采用的是150 W高压钠灯，共307套，主要分布在大夏路、光华路、杏林北路、汇通路及河滨路沿侧；8米高路灯采用的是250 W高压钠灯，共24套，主要分布在杏林南路沿侧。校区内共有15条路灯供电线路，电源均引自莲花南路校门门卫室和东川路校门门卫室，供电线路较长，压损较大，线路老化严重，经常出现短路现象，校园正常照明无法得到有效保障。原路灯启闭通过钟控器实现，运行时间按时令变化每年调整2次，不能根据室外环境照度自动启闭，造成能源浪费。近年来，随着新校区绿化逐渐茂盛，树木遮光现象越发严重，又因路灯透镜横向角度较低，导致部分路段照明条件欠佳，存在安全隐患。

为消除安全隐患，改善校园照明环境，提高能源利用效率，优化路灯管理模式，2014年学校启动闵行校区路灯节能升级改造项目。

2　建设方案

作为国家节约型公共机构示范单位，学校校园新建与改扩建项目一直秉承"经济适用、节能环保"的原则。校园路灯节能改造项目在保持原有路灯密度不变的情况下，充分利用原有灯杆，仅对灯具及光源进行改造。为方便管理，减少线路损耗，改造项目对路灯供电线路进行改造，将集中取电改为分区就近取电；对路灯控制系统进行升级改造，增加了环境照度控制模块。这样既减少了前期建设成本，也减少了后期维护成本，实现了使用效益和节能效益双丰收。

在系统分析校园照明需求和照明标准之后，该项目采用了优化灯具、更换光源、供电线路分区管理和智能控制相结合的照明改造途径，对闵行校区路灯进行节能升级改造。

2.1 路灯灯具选择

闵行校区原有路灯灯具透镜横向角度为120°，相邻两灯之间部分区域无光线直接到达，路面照度较低。改造所选用灯具将灯具透镜横向角度提高至150°，使整个路面均有光线直接到达，路面照度均匀度有效提高，如图3.5和图3.6所示。

2.2 路灯光源选择

在调整路灯灯具透镜横向角度的情况下，采用DiaLux道路照明模拟软件对闵行校区道路进行模拟，发现采用100 W LED路灯替换原250 W高压钠

图3.5　路灯灯具改造前后透镜横向角度对比图

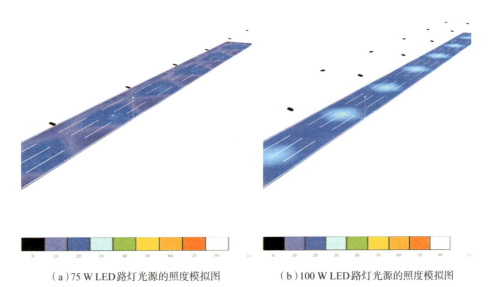

图3.6　LED路灯光源的照度模拟图

灯，采用75 W LED路灯替换原150 W高压钠灯即可满足《城市道路照明设计标准》（CJJ45—2015）对道路照明的要求。

与高压钠灯相比，LED灯直流供电，不需要采用镇流器，具有结构简单、功率低、光衰速度慢、寿命长等优点，既减少了运行能耗，又降低了后期的维护成本。

2.3 路灯线路改造

根据闵行校区建筑及道路布局，结合日常人流情况，把闵行校区室外路灯划分为12个区。每个区单独供电，电源引自就近建筑，路灯控制箱置于室外，方便日常管理。通过室外配电系统改造，减短路灯用电传输距离，可有效降低线损。同时各区域独立供电、独立控制，一条线路突发故障影响多个区域的安全隐患也减少了。

2.4 路灯控制模式改造

为提高校园路灯照明有效性，避免路灯过早开启或过晚关闭，造成能源浪费，路灯控制模式由"钟控模式"升级为"经纬度+光控模式"（如图3.7）。经纬度控制器可根据路灯所在地自动计算出每天的日出日落时间，照度控制器可根据室外环境照度情况自动控制路灯的启闭，两种控制器既可单独使用，又可根据设定的优先级联合使用。

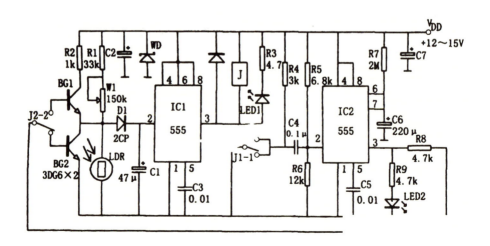

图3.7 "经纬度+光控模式"控制原理图

闵行校区路灯采用经纬度控制器优先的联合控制模式，在经纬度传感器已经执行开启命令的条件下，通过光感应器测得光照强度，并与控制器设定值进行比对，确定路灯是否开启。例如夏季日落后，室外高强度光照仍会维持一段时间，此种情况下即使到了日落时间，路灯也不会开启。只有当光照强度下降到设定值后，控制系统才会开启路灯。

通过这种联合控制方式，能保证校园道路照明的及时性和准确性，避免路灯启停过早或过晚的情况发生，最大限度地减少路灯耗电。同时，双传感器联合控制相比较于单传感器控制，也可有效避免因单一传感器故障造成的路灯使用问题。

3 实施情况

在上海市教委的支持下，经充分调研论证后于2017年、2019年分两期对闵行校区路灯进行节能升级改造。

3.1 项目投资

该项目总投资95万元，其中上海市教委节能专项资金40万元，主要用于路灯灯具及光源改造；学校配套资金55万元，主要用于路灯控制线路改造。

3.2 改造效果分析

（1）使用效益分析

为便于衡量路灯改造效果，在路灯改造前后对校园典型路段路面照度进行了现场检测，检测结果如表3.1所示。

表3.1 改造前后路面照度检测结果

路段名称	改造前检测结果		改造后检测结果		CJJ45—2015标准要求	
	平均照度 E_{av}/Lx	照度均匀度 U_E	平均照度 E_{av}/Lx	照度均匀度 U_E	平均照度 E_{av}/Lx（维持值）	照度均匀度 U_E（最小值）
光华路	5.3	0.20	14.2	0.37	10—15	0.35
大夏路	5.4	0.20	14.8	0.38	10—15	0.35
汇通路	6.8	0.21	14.1	0.38	10—15	0.35

（续表）

路段名称	改造前检测结果		改造后检测结果		CJJ45—2015 标准要求	
	平均照度 E_{av}/Lx	照度均匀度 U_E	平均照度 E_{av}/Lx	照度均匀度 U_E	平均照度 E_{av}/Lx（维持值）	照度均匀度 U_E（最小值）
河滨路	7.2	0.24	14.5	0.37	10—15	0.35
杏林南路	8.3	0.37	14.3	0.40	10—15	0.35
杏林北路	7.5	0.37	13.8	0.36	10—15	0.35

根据《城市道路照明设计标准》（CJJ45—2015），闵行校区各主要路段在改造后照明效果均满足要求，校园照明环境得到有效改善。

（2）经济效益分析

利用学校的能源计量系统对路灯改造前后的用电量进行统计分析，改造前闵行校区路灯年用电量390 041 kW·h，改造后年用电量为160 580 kW·h，年节约用电229 461 kW·h，节能率达到了58.83%，每年节约电费14.6万元。

由于LED路灯寿命较长，性能稳定，损坏率较低，安装自控系统后基本实现了无人化管理。如果计算后期的维护成本，其经济效益将更加显著。

（3）社会效益分析

路灯改造完成后，校园照明环境得到明显改善，获得了师生一致好评。借此机会，学校节能办通过绿色校园微信号，结合校园路灯节能改造项目，普及节能环保知识，与师生分享了一堂生动的生态文明教育课，发挥了积极的示范作用。

4 运行维护情况

闵行校区路灯改造项目日常运维采用外包模式，由路灯维保单位负责日常运行和维修，学校后勤保障部对运维质量进行监督考核。

由于改造后的LED路灯损坏率较低（截至目前损坏率为零），且基本实现了无人化管理，维保费用相比于改造前大大降低。

5 适用分析

5.1 技术适用

华东师范大学闵行校区路灯改造项目改变了传统路灯改造以更换光源和增加路灯密度为主的改造方式，在系统分析校园照明需求和照明标准之后，采用了优化灯具、更换光源、智能控制相结合的照明改造途径，在改善校园照明环境的同时，有效降低了改造成本，提高了能源利用效率。

该项目原理简单，技术成熟，施工便捷方便，项目可行性及可复制性较高，可广泛用于学校、园区、厂区等地。

5.2 经济适用

由于LED路灯光电转化率较高，在达到相同路面照度的情况下，其功率不到高压钠灯的一半，节能效果非常显著。

高校电价相对较低，投资回报期在3—5年左右。

5.3 运行维护模式

校园LED路灯改造技术成熟，后期运行维护比较简单方便，投资回报期较短，适用于甲方管理模式或混合管理模式。

五、华东理工大学道路照明节能改造项目

华东理工大学　韩　冰

项目类型：绿色照明节能改造
项目性质：市教委生态文明教育示范项目
项目实施单位：上海雪鲲能源科技有限公司

1　项目背景

华东理工大学奉贤校区原有高杆路灯225套，为2007年建校时建造，光源为150 W高压钠灯；徐汇校区原有高杆路灯125套，球形庭院灯220套，其中高杆路灯为2012年校庆时改造，光源为150 W螺旋节能灯，球形庭院灯选用三支24 W节能灯为光源。

两校区路灯原存在以下几个问题：一是主干道路灯间距设置不当，照明效果不佳；二是主干道路灯和球形庭院灯光源配置不合理，光源能耗大、光效低、寿命短，更换和维修成本较高；三是路灯陈旧、破损，灯杆局部锈蚀严重，存在安全隐患。

为打造平安校园、倡导绿色照明，学校决定对两校区道路照明进行绿色光源节能改造，在提升学校整体形象、保障校园安全的同时，落实国家节能降耗政策，打造绿色校园。

2　建设方案

2.1　光源选择

LED光源具有高节能、寿命长、技术新、更环保等特点。因此在道路照明节能改造过程中，我们选择LED光源为路灯改造的主要光源。具体更换方案如下：

奉贤校区的150 W高压钠灯和徐汇校区150 W螺旋节能灯全部更换为80 W LED光源，并根据现场勘查对光线较暗处添加灯具，两校区增加、更换高杆路灯共计390套；徐汇校区24 W节能灯泡全部更换为18 W LED光源，共计更换220套，光源选用3 000色温暖黄光源，使得校园环境更

加温馨,提高师生夜间舒适度;作为新能源的示范性项目,在徐汇校区23号、24号学生公寓周边进行太阳能路灯示范性改造,增加20 W LED太阳能路灯20套。同时考虑到奉贤校区校园面积大,校园建筑较少,因盐碱地树木生长缓慢,光照条件好,将"1—4"围合学生公寓及图书馆沿湖一带辅道庭院灯全部更换为20 W LED太阳能庭院灯,共计更换43套。

2.2 灯杆选择

鉴于校园路灯灯杆存在局部锈蚀、老化严重等问题,在光源改造过程中,对灯杆进行质量升级,统一定制。灯杆成型后,经过打磨—酸洗—磷化—热镀锌—表面喷塑等处理。

3 实施情况

项目总投资165万元,其中市教委示范项目专项经费25万元,学校配套资金140万元。项目根据学校发展规划,按校区分批次进行,在2014—2019年期间,对两校区高杆路灯及辅道庭院灯进行了LED绿色光源节能改造,完成了两校区高杆路灯、徐汇校区辅道庭院灯及部分庭院灯太阳能示范性改造。随着LED技术的日趋成熟,LED灯具在高效节能、环保、安全、舒适等方面的优势凸显,项目整体方案成熟,可控性强,经济可行。

3.1 经济效益

LED光源发光率高,节能高效,使用寿命长,避免频繁更换灯具;太阳能LED庭院灯使用太阳能电源,一次投入,长期受益。"绿色照明工程"目前投入165万元,年节约用电19万度,年节约电费12万元,节能率达50%。

3.2 社会效益

"绿色照明工程"有利于美化校园环境,提升学校整体形象,落实国家节能降耗政策。在省电、增亮、安全、和谐的基础上,项目有效保障校园治安,提升师生舒适度,打造成绿色节能智慧校园的工作亮点。

4 运行维护情况

项目由学校后勤保障处动力与修缮工程中心总体负责,运行维修经费从两校区日常维修费中支出。

5 适用分析

5.1 技术推广

技术推广方面：该项目采用的技术成熟，可行性高，可广泛应用于高校校园主干道及辅道照明。

5.2 经济适用

该项目目前投入165万元，其中灯杆部分投入65万元，避免了因灯杆局部锈蚀破损造成的安全隐患；光源改造部分投入57万元，解决了光效低、能耗大、寿命短和更换、维修成本较高等问题。如果只进行光源改造，则投资回报期在5年左右。

5.3 运行维护模式

该项目采用校方管理模式，项目运行效果良好稳定，责任主体明确。适用于职责明确、干扰性少、操作简单的场景。

六、上海交通大学楼宇公共区域照明改造项目

上海交通大学　吕淑彬

项目类型：公共区域照明节能改造
项目性质：学校自筹项目
项目实施单位：上海广中电子电器配件有限公司

1　项目背景

上海交通大学楼宇公共区域灯具大部分为T5或T8型荧光灯，灯具超期服役，光衰严重。一部分日光灯处于损坏状态，致使校内很多区域光照度无法达到国家标准《建筑照明设计标准》（GB50034—2013，以下简称《标准》），且荧光灯频闪、蓝光、眩光等光生物危害问题突出，师生的健康用眼环境难以保证。LED作为第三代高科技人造光源，其本身具有光色纯正、发射方向可控性强、抗冲击、体积小、光效能高，工作电压低等优点。通过使用质量性能好的LED照明产品能够实现室内照明的科学化节能效果。

另外，荧光灯的正常使用寿命只有5 000至6 000小时，而优质的LED灯具寿命可达50 000小时。改造后将大幅降低灯具的更换频率，同时降低不必要的资源浪费和环境污染。通过采用新型成熟的LED照明技术，合理优化灯具布局和控制（地下车库、配电房采用智能化控制），在避免光生物危害、优化光环境的基础上，达到最优的节能效果，整体节能率约70%。

2　建设方案

项目伊始，我们就全校公共区域照明情况进行了全面排摸，综合考虑节能量、照明环境改善迫切度、空间使用率等多种因素，先后对我校多区域进行照明改造。

2.1　照明灯具选择

采用LED平板灯替换传统荧光灯灯盘。LED平板灯的光效为115 lm/W，远高于传统荧光灯70 lm/W（考虑到我校荧光灯使用年限较久、光衰一般超过30%，实际光效不足50 lm/W），同时，平板灯发光角度为180°，配光补光

合理，发光面积大，无需利用格栅来降低眩光值，也就大大提高了光效利用率，使单位面积平均照明能耗由约12 W/m^{2}降低到约2.7 W/m^2（《标准》要求低于9 W/m^2）。

2.2 光源选择

在主要技术上要求项目设计标准参照并高于《标准》要求：桌面照度普通区域不低于300勒克斯；阅览室、部分实验室等区域不低于500勒克斯；色温统一采用更利于心理健康的中性光5 000 K；显色指数高于85；眩光指数低于19；空间照度均匀度不低于0.7。同时，要求灯具为无频闪（频闪率低于1%，频闪指数低于0.005）、无蓝光（蓝光危害评估结果为RG0级）。优化光环境，使空间照明环境最大化接近健康的自然光。

2.3 灯具线路及布局改造

部分建筑空间的照明控制回路垂直于自然采光面，在日间自然采光好的情况下，无法通过开关部分灯具来实现节能。调整后，将控制回路均设置为平行于自然采光面。

同时，对部分空间的照明进行功能化调整。一些区域当下的实际使用情况已经与建筑建造之初大为不同，最初的灯具布局设计已经不能匹配现阶段的实际需求。例如，公共阅览室的图书陈列区域与阅读区域的照明要求是不同的，阅读区的照度要求远高于陈列区。然而，由于实际使用的需要，大部分的阅览室都调整过了布局，造成"该亮的地方暗、该暗的地方亮"。另外，很多房间在常年使用中，根据实际使用需求的变动，都进行了再隔断，这样也造成了灯具布局设计的不合理。

2.4 智能照明控制

在部分人流量小的特殊区域，安装微波感应控制器，如地下车库、变电所配电房等，进一步降低能耗和照明管理的人员成本。

地下车库灯具采用渐变式明暗感应控制：在未检测到车辆的情况下，灯具维持30%亮度，检测到车辆即将经过时，亮度逐步提升至100%。按此设计，灯具可24小时常亮，整个地库空间给人以明亮安全的照明效果，能耗相较于改造前（仅12小时点亮）降低了77.7%。

配电房由于人流量极低，采用的是感应亮灭控制：灯具仅在感应到人员经过时点亮，在其感应范围内，无人员活动时，自动熄灭。

3 实施情况

在中央改善办学条件专项资金支持下，经充分调研论证后于2016年、2017年、2018年陆续对闵行校区楼宇公共区域进行绿色照明改造。

该项目总投资405万元，项目实施运行效果良好。

2016年，改造范围包括船建学院、机动学院、生命学院、药学院、农生学院、新图书馆以及教学楼等区域，共将7 750套荧光灯灯具（每套荧光灯灯具功率60 W）替换为5 031套LED平板灯（每套LED平板灯功率20 W）。据估算，范围内照明总能耗改造前为474.2 kW·h，改造后为100.6 kW·h，节能率78.79%。

2017年，改造范围包括新行政楼、机动学院、特种材料楼、船建学院、徐汇校区地下车库、新图书馆等区域，共安装LED灯具5 500余套。据估算，节能率为68%。

2018年，改造范围包括陈瑞球楼、机动学院、航空航天学院、网络信息中心、徐汇校区总办公厅、变电所等区域，共计安装LED灯具6 300余套。据估算，节能率为69%。

通过改造，每年节省用电量180余万度，节省电费110余万元，大幅降低了照明能耗、电费支出。同时，由于改造后LED平板灯故障率低（截至目前，年故障率千分之三），照明运维成本远低于改造之前。更重要的是，本次改造使光环境大幅优化，师生的身心健康得到了进一步保障，其长远效益不可估量。

4 运行维护情况

灯具厂商提供三年免费维保服务：

（1）每季度（一年四次）对项目所涉及的区域进行全方面巡检，发现故障灯具并负责维修更换。

（2）厂商在2小时内对甲方（物业）的服务要求做出响应，一般问题在2小时内，其他无法迅速解决的问题在4小时内解决。

保修期后，楼宇所在二级单位委托楼宇物业公司负责灯具的运行维护。

5 适用分析

5.1 技术推广可行性

上海交通大学公共区域绿色照明改造项目在优化光环境的基础上，大幅降低了照明能耗，实现了节能减排。其效果获得了师生的一致好评。此类型项目，原理简单、技术成熟、工期短、投资回报率高，可在高等院校、医院、写字楼等多种场所推广。

推广LED平板灯也有必要的限制条件：一方面，市场上的LED产品参差不齐，产品品质对项目改造效果起决定性因素；另一方面，在照明改造中，灯具型号和安装方式对改造的限制较大，建筑的自身结构也有一定影响，并导致部分极端情况下，灯具的拆卸安装成本会高于灯具的采购成本。

5.2 经济适用性

在校园节能的领域，相比于动力、空调等项目，照明系统单位耗能低，但总量庞大，通过技术革新后的节能空间巨大。而且，在节能的同时，能大幅提升空间的光环境舒适度。在类似项目中，投入回报比高。

5.3 运行维护模式

LED照明灯具作为电子产品，其本身的特点是不需要运维保养且根据产品的品质不同，具有一定的使用寿命。所以，在运行维护上，重点是选择品质过硬的产品。

另外，作为LED平板灯的主要组成部分，LED芯片和电源（适配器）的寿命和易损程度是不同的。大多数情况下，LED平板灯的故障集中在电源（适配器）上。与传统灯具"不亮了只能换新的"不同，LED平板灯可通过更换配件进行维修。在厂家提供的质保期结束后，可由物业公司进行维修，节省运维成本。

浴室热水改造项目

一、东华大学太阳能空气源热泵热水系统项目

东华大学　朱卫东　张克兢

项目类型：浴室热水系统改造
项目性质：市教委生态文明教育示范项目（BOT模式）
项目实施单位：深圳市晴尔太阳能科技有限公司

1　项目背景

跨入新世纪，东华大学延安路校区学生面临着比较严重的热水使用问题，集中反映在学生洗浴和食堂用水上。学生洗浴问题主要集中在开放时间短，集中洗浴人员拥挤，浴室离宿舍远雨雪天气更为不便。校区食堂用水方面也存在着用热水贵，用热水难的问题。同时，该校区热水系统采用锅炉供水，人员多，管理成本高，自动化水平低，能源利用效率低下。为改善学生生活，提高能源利用效率，优化热水供给管理模式，亟须对校区热水系统进行节能升级改造。

东华大学作为国家节约型公共机构示范单位，校园节能项目一直秉承"立足长远、经济适用、节能环保"的原则。本次热水节能改造项目立足技术优势和管理优势优化的双重机制，注重引入社会资金，采用BOT模式（即建设—经营—转让模式），双方签订18年合作周期的长期合同，追求长效管理。通过大胆改革，缜密设计，前期减少了建设成本。在运行期间，大胆探索长期管理机制，保持了较低的后期维护成本，实现了使用效益和节能效益双丰收。

项目改造完成后，该校区学生洗浴问题得到根本改善，获得了师生一致好评。目前已经平稳运行10年，作为兄弟院校同类型项目中合作期限长、协调效果好的一个典范，吸引了多批次高校同人前来参观学习，成为学校节能减排工作的重点工程和学校节能减排工作宣传、教育、展示的重要组成部分。同时，本项目把节能减排的意识和理念传递给广大师生，带来良好的经济和社会双重效应。

2 建设方案

改造前延安路校区采用集中锅炉供水，涉及学生约9 000人。浴室开放日均6小时，锅炉间有人员6人，每年运行费用约360万元。锅炉运行采用人工操作，自动化水平低，维保费用巨大，能源浪费较为严重。另外一方面，学生洗浴难的问题一直悬而未决，改善吁求强烈，食堂热水餐具洗涤、解冻食材等一直存在用热水"难、贵、烦"的情况。

2009年，随着上海市实施关于锅炉改造问题的强制性规定，加上延安路校区食堂改造项目的规划论证完成，优化校区热水供给问题的时机也基本成熟。

通过系统分析校园热水供应需求和BOT模式可行性，学校采用BOT模式，吸引社会资金进行前期建设，对学校延安路校区热水系统进行节能升级改造。

2.1 热水系统供应原理

本项目综合运用太阳能和热泵补水原理进行工作。项目运用太阳能集热器进行冷水加热。当达到55℃时，冷水管上的电磁阀门自动打开，冷水被压入集热器内，集热器内的热水被挤出，流入保温水箱中储存待用。当集热器出口处的探头温度低于55℃，进水电磁阀门就立刻关闭，冷水停留在集热器内被太阳能加热。达到设定温度的热水不断流入水箱，水箱内热水逐渐增加，直到水箱水满为止。

在太阳光照不足时，热泵加热系统启动。为最大限度地利用太阳能，减少电能的消耗，定时检测保温水箱的水位，当保温水箱内热水水位低于25%的位置时，则自动启动热泵加热系统，冷水经热泵加热到55℃后进入保温水箱；系统继续补水，并按照这一流程运行，热水水位达到设定值时，热泵停止工作。

晚上用热水时，热水水位逐渐下降，当水位降至热水补充线时，热泵系统自动启动，往保温水箱补充少量热水，保证一直有热水用，要用多少加多少，水位会一直维持在最低水位状态，以最大限度节约能源。

当水位进一步降至冷水补充线时，为保证一直有热水用，系统会往水箱补充少量的冷水，同时启动电加热，将水加热到55℃。备用电加热系统在正常情况下不使用，只有当寒潮来临或用水量陡增时作辅助加热之用。

保温水箱内的热水是经增压泵加压，由供热水管道分布到各控水器末端。具体工作原理如图4.1所示：

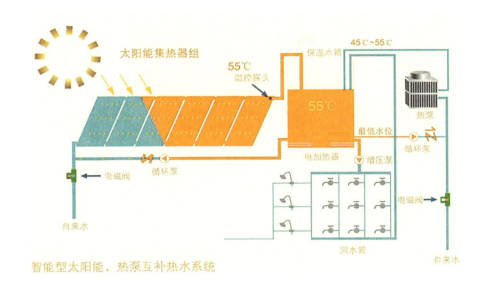

图4.1　太阳能热泵（空气能）热水系统原理图

2.2　主要设备及材料性能选择

本项目主要设备包括太阳能集热器、保温水箱、控制系统和热泵机组、备用电加热设备、水泵、管道及附件等。

太阳能集热器选用平板型太阳能集热器，铜铝复合阳极氧化板芯。保温层采用西斯尔超细保温棉，具有保温性能良好、密度大、导热系数小、不吸水等特点。玻璃盖板采用浮法玻璃，具有透过率高、耐冲击强度高、耐候性好及绝热性好等特点。集热器边框采用古铜色集热器边框，颜色稳定不褪色，除具有一定的刚度和强度外，还可吸收太阳能，提高热效率。以上选型均采用市场最为主流产品，方便更换及维修。

保温水箱用于储存热水，可以保温3天，内胆是不锈钢。在选型上，采用日本304不锈钢制作内胆，中层80毫米聚苯乙烯保温层，外包铝合金外壳。水箱保温性能良好，保温材料导热率小于0.06 W/（m·℃）。此外，选型还必须充分考虑承重问题。一般安装在梁柱位置中间。部分没有梁柱位置可用，视情况增加槽钢底座支架分散水箱压力，确保楼面承重能力，底座加固做防台风处理，水箱与避雷网连接。

热泵辅助加热系统用于阴雨天辅助加热。压缩机是最主要的设备，直接影响到热泵的工作效率和寿命。选型上热泵采用世界顶级谷轮涡旋压缩机，COP值（能效比）大，热效率高。热泵系统用U型蒸发器，提高蒸发器的面积。整个热泵采用先直流加热再循环加热的方式。系统充分利用热泵低水温时效率高的特性，大大提高了热泵的热效率。

备用电加热系统在寒潮或用水量突然增大时辅助加热（应急备用）。选型采用进口镍铬丝及镀镍紫铜管制作，紫铜管内填充镁粉。工作电压为380 V/220 V，使用寿命长。在实施中，我们发现备用电加热系统最为关键。因为上海每年冬季均有一段极端天气，对整个系统形成严峻考验。

在选择热水、冷水增压泵和太阳能循环泵型号时，在满足系统流量和扬程的前提下，尽量选择节能型、低噪音水泵，泵的工作温度符合系统最高工作温度要求。

供热水管道把经过增压泵加压后的热水引到各用水点，主管道有保温层，末端有回水管。管网保温上，冷水管采用PVC-U冷水管，热水管采用PP-R热水管。规格在ϕ20—ϕ32的PP-R管道采用黑色橡塑保温管保温，外加PVC套管，而规格在ϕ40以上的PP-R管道采用聚苯乙烯保温，外包铝皮。在管件和阀门选用上，采用与管道配套的优质管件和铜质阀门，具备耐腐蚀性和耐压性等特点。

此外，针对上海会出现冰冻天气的情况，改造项目做了专业的防冻设计，保证太阳能集热器、热泵及水管等不会被冻坏。

3 实施情况

在2009—2010年间，15栋学生宿舍及食堂安装了太阳能配热泵热水系统，太阳能集热器总面积达2 000多平方米，热泵总功率为800多匹，保温水箱总容量为500多立方米。热水通到了每栋楼的单间或小型公共浴室，学生淋浴用IC卡（校园一卡通）计费。2011年2月该系统全面启用。在项目的维保上，承建公司派专人负责维护、管理，并承担电费和自来水费。该公司与东华大学以BOT模式合作，双方累计已投资1 500万元，通过收热水费逐年收回投资，经营期为18年，经营期结束后设备移交给东华大学，或协商下一轮合作。

3.1 项目投资

该项目总投资1 500万元，其中承建公司投资850万元，主要用于热水系统建设；学校配套修购专项资金650万元，主要用于土建改造和电气设施扩容改造。

3.2 改造效果分析

经成本核算，太阳能热水淋浴系统的实际运行成本为6分/升，学校向学生收费为4分/升，每年学校将补贴近百万元用于维系该系统的正常运转。据统计，松江校区学生宿舍和原延安路公共大浴室人均洗澡支出约为3元/次和2元/次，如今太阳能热水淋浴系统下人均洗澡费用为2.5—3元/次，如果按人均每次热水设计用量50 L、热水收费价格4分/升来计算，洗澡费也仅为2元。

从太阳能热水淋浴系统实际运行情况来看，该系统的优势主要体现在三点：（1）学生普遍反映较好，认为既方便又经济，现在可以不出宿舍楼就能洗到热水澡，而人均洗澡支出浮动不大，未给学生造成额外的经济负担；（2）从实际监测结果来看，与传统的电、燃油加热热水系统相比，可节约能源与运行费用30%—40%；（3）与传统供热方式比较（特别是锅炉房），系统自动化程度较高，操作简单、管理高效、维护便捷，节约了大量的人力物力。

4 运行维护情况

本项目日常运维采用承建公司直接管理模式，由承建公司负责日常运行和维修，学校不承担任何维护费用，基建后勤处对运维质量进行监督考核。目前承建公司有专人在校区进行维护和保养。学校省力、省心。

5 适用分析

5.1 技术推广

综合来看，本项目对于校企双方运行BOT模式的节能项目有着三方面的启示。

（1）选取业界有良好资质和信誉的企业，警惕一味迎合热点、单纯迎风口的"投机企业"，专业、全面、细致的尽责调查必不可少。

（2）设备选型要主流，充分考虑技术发展空间，警惕一味求新求异或者求稳求廉的倾向，要充分发挥校内外专家的咨询把关作用。

（3）学校要信守合同，及时做好服务和监管工作，警惕片面强调情境变化而轻易改变合同的实施，也要警惕一包了之、放任自流的轻率心态，加强监管，对师生负责。

本项目合同期为18年，目前已经平稳运行10年，校企双方合作良好。设备完好率、使用受益、经济受益均达到比较理想的预期。

就推广可行性而言，BOT模式在高校系统内运用尚不普遍。在准备采用或者已经采用的项目中，普遍存在三大棘手问题：企业急功近利，运行周期普遍过短，高校管理层更迭频繁、思路多变，项目技术淘汰频率过快。业界和学界对此均有大量的思考研究和实践探索。本项目也为此做了宝贵的尝试，可以供有关单位参考借鉴。

5.2　经济适用

在BOT模式下，高校前期资金投入很少。本项目加热时间部分处于谷电价时段，能够享受优惠电价，运行费用较低。整体看，投资回报期在12年左右。

5.3　运行维护模式

本项目所用技术已经较为成熟，后期运行维护比较简单方便。目前，由公司派驻人员负责维保，并承担全部费用，投资回报期中长，在监管上可视学校情况适用于多种监管模式。

二、上海海事大学太阳能空气源热泵热水系统项目

上海海事大学　陆定宇

项目类型：浴室热水系统改造
项目性质：BOT模式
项目实施单位：上海源恒太阳能设备有限公司

1　项目背景

上海海事大学27—37号学生公寓陆续启用于2007—2011年，地面上6层，每个宿舍按4个人居住设计，每层设置公共盥洗室。原盥洗室仅配置冷水洗浴设施，大约4 200多名学生日常洗浴需要前往距离宿舍较远的集中浴室。为进一步改善学生居住品质，实现学生"足不出户"洗浴的环境目标，根据《上海海事大学十三五节能减排规划》，学校对27—37号学生公寓进行太阳能和空气源热泵热水系统改造。项目设计日均热水总量为410吨左右，热水温度为60℃。

通过该项目的实施，27—37号学生公寓内的学生能够足不出户在楼内进行洗浴。原先这些学生到集中浴室洗澡，其制热采用燃气锅炉，现项目通过使用太阳能和空气源热泵组合，实现了节能减排的目的。

2　建设方案

项目采用太阳能和空气源热泵结合的方式进行供热，以太阳能为主，空气源热泵为辅。在保证达到使用需求的情况下，优先考虑节能、环保配置，当太阳能系统不能满足热水需求时，自动切换到空气源热泵系统中，以保证热水供应。

2.1　建设范围

建设范围主要包括放置于室外的太阳能、空气源热泵、保温水箱等热水系统，室内卫生间的冷热水管路和淋浴器等淋浴系统，以及配套水电等。

2.2　方案设计

（1）改造方案使用双水箱系统，一个为集热水箱，最大化收集太阳能热

量储存，另一个水箱为恒温供水水箱，水箱温度保持在50—55℃，保障学生洗浴的舒适性。

（2）太阳能和空气源热泵在电气上实行互锁。在晴好天气，太阳能系统运行，空气源热泵不启动，最大化使用太阳能。热水系统模拟图分别如图4.2所示。

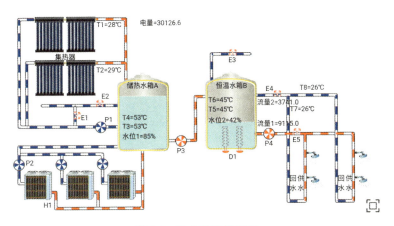

图4.2　热水系统模拟图

（3）系统使用了远程监控平台，方便后勤部门管理老师、项目方、学生在电脑端和手机端监控系统实时运行状态和查询历史数据，并给予各方不同的终端APP，满足各方使用需求。部分界面如图4.3所示。

图4.3　热水系统状态查询

3 实施情况

项目采用合同能源管理BOT模式，项目方投资619万元。校方与项目方签订为期8年的能源管理合同。合同期内项目方以固定单价向校方出售热水（以55℃为标准，如不满55℃，按实际温度折价后支付水费），数量通过装表计量后按实结算，终端淋浴一卡通装置定价权归学校。项目于2017年9月份竣工启用，8年合同能源管理期结束后，太阳能系统设备归学校所有，学校不再支付热水费用。

项目实施效果良好。4 200多名学生原来使用燃气锅炉系统制热的集中浴室，改换本次改造的太阳能和空气源热泵系统浴室后，与原使用能耗对比，节能减排效果显著。

经过两年时间实际运行，通过远程监控平台实测数据，27—37号公寓楼太阳能和空气源热泵系统，全年用热水33 581吨，耗电量144 790度，折算成标准煤为17.79吨，电费0.636元/度；而原有燃气锅炉系统，耗气量在253 872 m^3，折算成标准煤为308.29吨，燃气费3.05元/m^3，与纯燃气锅炉系统相比，年节省费用682 223元，节省标准煤290.5吨。

该项目在2019年国家住建委现场调研中，获得"十三五国家重点研发计划——太阳能在绿色建筑中的综合应用研究（2016YFC0700104—01）示范项目"证书。

4 运行维护情况

项目采用委托管理方式，在特许经营期，由项目方负责运行维护。该项目合同期为8年，其间维保人员和材料由项目方提供。项目方委派一名有经验的运维人员在学校驻场。改造项目配备有远程监控系统，可以减少运维人员工作量，还能保障运维人员及时精准发现故障，及时解决。另外运维方还在学校仓库备有备品备件，保障故障及时解决。合同期内，校方无需投入运行维护经费。

5 适用分析

5.1 技术推广

该项目在吸取前期类似项目改造经验的基础上进行了系统优化，并采用成熟技术，可行性高，在稳定性和节能性方面技术领先，适合在高校宿舍、游泳馆和食堂等用热领域推广。

5.2　经济适用

对于项目方来讲，项目经费由项目方自筹，项目方可以通过向校方售卖热水来回收投资并获取相应报酬，一般投资回收期在4—6年。

5.3　运行维护模式

该项目采用常见的BOT模式，在合同期间，由项目方负责运营管理。项目运行效果良好，适用于采用BOT模式，或学校热水系统服务完全外包的情况。

三、上海交通大学空气源热泵燃气锅炉热水系统项目

上海交通大学　雷中明

项目类型：浴室热水系统
项目性质：学校自筹项目
项目实施单位：上海市住安建设发展股份有限公司

1　项目背景

上海交通大学于2014年至2016年分三期在闵行校区实施热水进楼项目，基本实现该校区宿舍楼内淋浴全覆盖，彻底解决了学生的洗浴热水问题。与此同时，徐汇校区仍然维持使用燃气锅炉公共浴室，矛盾较为突出：浴室环境较差，高峰期需要排队；部分宿舍距离浴室较远，同学们使用不便；浴室开放时间短，不能满足部分同学作息规律；浴室采用燃气供热，能耗较高，且在承重结构、漏水、燃气安全等方面存在风险。

鉴于以上情况，在闵行校区热水进楼项目成功实践的基础上，经学校综合考虑决定在2017年启动徐汇校区热水进楼一期项目。

2　建设方案

本项目采用以空气热源为主、燃气热源为辅的集中加热储热方式，通过热水管道向公共浴室以及4、5、7、9号宿舍楼供应淋浴热水，利用原锅炉房处于宿舍楼群中心位置的有利条件，改造原有锅炉、水箱等设备，增配空气源热泵。除原公共浴室70个淋浴位得到改善外，另增加4幢宿舍楼共92个热水淋浴位。热力系统图见图4.4。

（1）主要加热设备：新增3台20P空气源热泵，型号为CL-H-260K，制热量81 kW，产水量1 750 L/h。

（2）辅助加热设备：新增1台锅炉，型号为EB-4000C，热功率1.02 MW，与原1台老锅炉互为备用。

（3）储热设施：新做90 T热水箱（预留二期空间）。

（4）连通设施设备：如热交换设施、热水循环泵、增压泵、回水泵、管

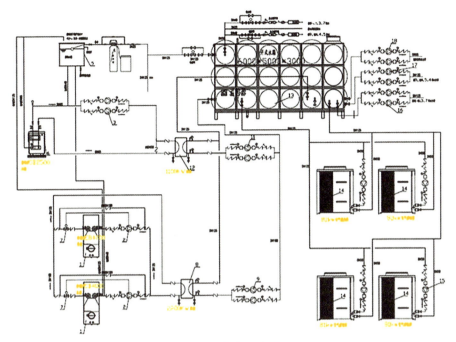

图 4.4 热力系统图

道、阀门等。

（5）控制系统：监控热泵、锅炉、水泵、水箱水位温度等。

3 实施情况

3.1 项目投资

在中央改善办学条件专项资金的支持下，该项目总投资290万元，除完成向公共浴室、4幢宿舍楼供应热水外，还对淋浴环境及设施进行一定程度修缮，以满足同学基本洗浴要求。

3.2 节能效果分析

按照冬季最冷月最不利的工况进行计算，徐汇学生公寓常住约3 470人，按照经验每天洗澡人数为总人数的45%，每人每天用水定额取50 L，每天热水需求量约为78吨，将冷水加热需要的总热量约为429万千卡。根据计算采用4台制热量为81 kW空气源热泵热水机组，1台燃气锅炉（备用）与90吨的水箱进行热交换，燃气锅炉仅作为补充热源确保冬季恶劣天气稳定供应热水。建设8台变频供水泵、4路热水管道，采用恒定供水压力的变流量控制策略，以节约水泵能耗向公共浴室及各公寓楼进行热水供应。

根据前期改造、后期运行实际情况，对改造效果进行统计梳理。改造前，燃气锅炉的系统运行费用主要集中在天然气费用上，此处不计其耗电费用，燃气锅炉的效率按85%计算，每天的耗气量为542.11 m³（注：天然气的低位发热量取9 310 kcal/m³），燃气锅炉的日运行费用为1 653.44元（注：上海市现行天然气价格取3.05元/m³）。改造后，空气源热泵热水系统日运行耗电量为1 725 kW·h，日运行费用为1 105.725元（注：上海市现行电价取0.641元/kW·h）。相对于原有的锅炉热水系统，空气源热泵热水系统可节省33.1%的运行费用。

4 运行维护情况

本项目于2017年9月、11月分批投入使用。在2年质保期后，根据闵行校区经验，采用委托管理的方式委托第三方进行设备设施的维护维修，其中包含徐汇校区该项目外已建热水设施的工作量，运维经费主要包含人工费用及300元以下材料费。按学校规定每年招标购买服务、签订合同、定期考核、分期结算。

5 适用分析

5.1 技术推广

目前淋浴热水项目主要利用太阳能光热、空气源热泵、燃气锅炉、电加热等组合模式。加热方式各有特点，实际应用时需要根据自身现有情况进行选择。比如太阳能光热需要具有屋顶资源且维修费用较高，空气源热泵较稳定，在室外安装更合适，但需要解决噪声问题，燃气锅炉及电加热适合作为辅助手段利用。本项目因为地理条件选择集中加热储热方式，由于没有屋面资源选择空气源热泵为主要加热手段，同时利用原有锅炉及燃气设施，并增加1台备用锅炉作为辅助加热手段，其中值得借鉴的做法是，在满足一定条件下相对集中地加热储热供热。

5.2 经济适用

本项目是综合改造项目，单纯空气源热泵会增加用电，燃气使用减少

83.33%，比较明显（主要是因为全年只有2个月需要启用锅炉）。自来水使用增加，主要是因为终端用户增加，同时热水供应增加，促使淋浴费用回收增加69.77%。另外，最大的投资节省在于选择集中供热的方式，设备投入减少、外场管道增加有限，根据前面节能统计，投资回报率约为4—5年。

5.3 运行维护模式

对于这种集成化较高且需要常年运行的设施设备，委托第三方承担运行维护是比较科学合理的办法。通过巡检、专项检查、日常维修急修基本上能保证同学洗浴不受影响，各项制度、台账较为齐全，比较符合目前购买服务趋势。这种模式适合于运维工作量具有一定规模的场景。

四、华东理工大学低氮燃气热水系统项目

华东理工大学　韩　冰

项目类型：浴室热水系统
项目性质：学校自筹项目
项目实施单位：上海龙宇建设集团股份有限公司

1　项目背景

徐汇校区女公共浴室建于1986年，占地面积800 m²，现有淋浴龙头180个，更衣间5个；供暖面积约为200 m²，热源以蒸汽锅炉提供蒸汽为主，太阳能为辅。热源改造前主要存在以下问题：（1）未达到上海市环保局最新发布的《锅炉大气污染物排放标准》（DB31/387—2018）关于氮氧化物排放≤50 mg/m³要求，需进行整改；（2）锅炉房距离浴室直线距离约2 000米，在长距离的管道输送过程中，蒸汽流失多，造成经济损失；（3）蒸汽锅炉属特种设备，需配备多名持证司炉工24小时值班，人工成本较高；（4）蒸汽在传输过程中与管道碰撞产生轰鸣声，尤其在夜晚淋浴用水高峰时噪音很大，影响学校的校园环境。

为淘汰落后产能、优化设施设备、提高能源效率，实现学校的可持续发展，结合"十三五"发展规划，学校2019年决定拆除北锅炉房，在末端各使用区域内分别安装节能环保的低氮燃气热水器，满足浴室淋浴和采暖的使用需求，在促进新技术转型的同时，提升师生的获得感和幸福感。

2　建设方案

项目拆除了原有的蒸汽锅炉和蒸汽管道，利用紧凑的空间，将浴室三层西侧区域改造为设备房。同时，项目选用低氮燃气热水器作为热源，配合辅助设备（板式换热器、水泵、不锈钢开式水箱等），为浴室供应热水并采暖。

热源选择庆东纳碧安热能设备有限公司的cascade级联系统24台NFB-98HC低氮燃气热水器（热负荷98 kW，热效率107.7%，氮氧化物排放低于30 mg/m³）。辅助设备方面，板式换热器（简称板换）的换热量为3 000 kW、

两台不锈钢开式水箱的容积为20吨。热源通过板换加热水箱、热源与板换的加热循环为一次侧，板换与水箱的加热循环为二次侧。浴室采暖由一次侧提供，水箱提供淋浴热水，采暖与淋浴通过板换完全物理隔断，满足卫生用水的规范要求，淋浴水质有保证。

该项目热水系统图和设备房效果如图4.5、图4.6所示。

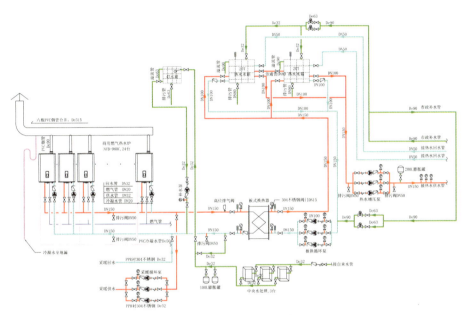

图4.5　公共浴室热水系统图

图4.6　公共浴室设备房竣工图

3　实施情况

项目由学校自筹资金建设，总投资222万元，包括前期管道设备的拆除费用9万元，公共浴室热水系统安装费用213万元。项目施工历时一个半月，于2019年12月中旬正式投入使用。截至目前，设备运行正常，热源充足，噪音低，师生反馈良好，周边居民生活环境明显改善。

项目整套系统技术成熟，工艺先进，后期维护简单，运行成本低。

3.1　经济效益

徐汇浴室改造由于项目完成时间较短，目前没有详细的统计数据，考虑原蒸汽管道的损耗以及新设备的热效率提升，节能率至少在30%；采用24台低氮热水器模块化级联安装的方式进行热源供应，主从机设定，主机故障，从机自动替代，设备互为备用，个别设备故障不影响整个系统运行，设计初期完全按照真实需求选择热源设备，无需预留备用功率，降低投资成本；系统自动化水平高，无需专业人员24小时值守，每年可节约人力物力成本约40万元。

3.2　社会效益

氮氧化物排放30 mg/m^3，优于上海市锅炉大气污染物排放标准，无需二次整改；淘汰落后产能，促进新技术转型，切实做到了资源优化配置和使用，将节能工作落到实处。整套系统低氮环保，噪音小、热源足、空间占用少，对改善师生生活环境起到积极促进作用，极大提升师生的获得感和幸福感。

4　运行维护情况

该项目采用甲方主导的混合管理模式，即甲方负责设备使用和监管，设备维保单位负责运维。无需太多干预自动运行，管理方便，适用于任何应用场景。

5　适用分析

5.1　技术推广

整套热水系统技术成熟，安装简便快捷，适宜安装在宿舍阳台、地下室、室外等环境中。该系统适合安装已经有天然气供应，或者附近有天然气管道可以就近接入的区域，否则会显著增加项目的建设成本。

5.2 经济适用

该项目初期投资少，设备自动化水平较高，运行成本低，后期维护简单，高校项目投资回报期预计在4—8年。

5.3 运行维护模式

该项目运行维护模式适合学校投资，运行维护外包的场景。

五、华东政法大学CO_2热泵热水系统项目

华东政法大学　何　坚

项目类型：浴室热水系统改造
项目性质：BOT模式
项目实施单位：上海逸群水电安装有限公司

1　项目背景

本项目为华东政法大学松江校区学生宿舍热水改造工程，共改造15栋宿舍楼，每栋宿舍楼有学生640人，共有学生9 600人。

项目实施前，学校生活热水为分户式燃气热水器供热，每栋楼一楼北面墙体上安装约40~50台家用燃气热水器，即开即热使用。虽然学生用水基本得到满足，但宿舍属于人员密集处，燃气热水器存在不完全燃烧及使用安全隐患，且设备使用年限将近，遂考虑更换热源。

为改善学生洗浴安全和效果，推进节能减排工作，学校2017年决定启动学生宿舍热水系统改造项目。该项目采用空气源CO_2热泵热水机组，该设备为一次式加热模式，效果等同于燃气热水器，5秒即出热水。

2　建设方案

该项目改造采用空气源CO_2热泵热水机组。该产品具有如下特点：

（1）天然环保制冷剂：ODP为0，GWP为1，对环境无污染，无毒，不可燃；

（2）卓越的高温制热性能：最高出水温度可达90℃以上；

（3）优异的低温性能：在-20℃环境温度下，仍然可以制取90℃高温热水；

（4）效率高：制热性能COP可达4.5（江浙沪地区全年平均值）

（5）使用范围广：可在-20—43℃环境温度范围内正常工作，适用于我国大部分地区制取生活或工业热水。

3 实施情况

项目一期工程改造3栋宿舍楼，2017年8月1日进场施工，2017年9月1日完工并交付使用。项目二期工程改造12栋宿舍楼，2018年7月10日开始施工，2018年9月1日完工并交付使用。

3.1 投资规模

共有15栋宿舍楼，每栋楼的每日用水量25—30吨，共8套热水系统，合计投资850万元人民币。其中有14栋楼每2栋楼为一单元，设计50吨热水水箱，一台二氧化碳机组，每套系统投资110万元；10号楼单独一单元，设计30吨热水水箱，一台二氧化碳机组，系统投资80万元。

3.2 融资方式

所投资金为施工单位企业自筹，按固定单价收取热水水费，学生刷卡取水（0.18元/min，标准水量5 L/min），按实际用量收费。

3.3 实施效果评价

改造后的热水系统，实行智能化管理，采用低谷电蓄热、低温回水保温、根据使用情况调节水箱液位，大大降低了过量供应储存在水箱里的热水热损耗。系统配备的远程控制功能，可在手机App上操作，按需实时配给水量，最大化实现系统的节能降耗。

项目实施后，热水系统节能效果明显，由于CO_2热泵采用环保无污染的二氧化碳工质，零排放，环保无污染，无毒不可燃，安全可靠，实时热水，供水温度有保障，学生使用反馈好；系统采用软启动，运行噪音小于60 dB，完全不影响学生生活；该系统配套智能化控制，相较原系统，节约了人员管理费用，可实现无人值守，通过电脑和手机App实时监测热水系统工作状态。

4 运行维护情况

本项目为委托投资方管理，整个校区配备1名管理人员，系统日常维护检查由各楼宿管人员配合开关电控室及泵房大门。建立和执行CO_2热泵热水机组热水系统维护制度，定期维护和保养，例如每季度清洁一次进水过滤网，每个月检查一次蒸发器过滤网（根据项目现场绿植分布情况配置），以保障空气源热泵的制热效率等，每天定时查看（手机或PC）系统的运行状况，视实际情况调整液位或水温。若系统发生故障，一般情况下系统远程控制App会第一时间推送故障信息。

5 适用分析

5.1 技术推广

属于空气源热泵的一种，发展CO_2热泵技术并积极推广，对提高我国建筑的节能水平、实现社会经济和环境可持续发展有巨大的经济价值和环保意义。CO_2热泵能效较常规热泵高20%—30%，一次式制取热水温度可达90℃，能够在环境温度-20℃中正常运行，有着其他热水设备不可比拟的优势。由于其应用的系统工程集成程度高、工程简便、控制智能、操作维护简便等，非常适合应用在热水供应的场合，比如学校、酒店、公寓、医院等。

5.2 经济适用

该项目采用BOT模式，投资回报约5—7年。

5.3 运行维护模式

本项目委托投资方管理，一个校区配备一名管理人员，系统日常维护检查由各楼宿管人员配合开关电控室及泵房大门。

六、上海体育学院CO_2热泵太阳能热水系统项目

上海体育学院　崔鹏翔

项目类型：浴室热水系统项目
项目性质："十二五"国家科技支撑计划
项目实施单位：上海贵鸣新能源科技有限公司
　　　　　　　　昆明东启科技股份有限公司（联合实施）

1　项目背景

上海体育学院新建学生公寓位于上海市杨浦区上海体育学院校区。本项目是配套建设，于2015年立项，建设内容包括2栋4层学生公寓和2栋6层学生公寓（含半地下室一层），属于二类宿舍，建筑总面积为17 099 m²。入住学生人数1 088位，从节约资源的角度考虑，设计每人每天生活热水最高定额为50 L/人，每天最高供给热水50 000 L。

2　建设方案

本示范项目水系统热源采用"承压式太阳能集热器+CO_2热泵机组"，其中竖插承压式真空管集热器（LB-Ø58*180*25S）180组（集热面积648 m²），二氧化碳（R744）热泵机组（CKYRS-70II）共4台，集热水箱2个，高水箱2个，循环泵8台。根据室外环境温度高低及热水供水温度的需求，优先利用太阳能生产集热水储存于集热水箱，若集热水箱中的热水温度满足用户需求，则不需开启CO_2热泵系统补热，直接供应即可；若此集热水箱中的热水温度达不到用户需求，则开启高效的CO_2热泵机组生产高温水储存于高温水箱，集热水箱和高温水箱通过管道连接物理自动混水阀，自动混合后有效输出恒温热水。图4.7为"承压式太阳能集热器+CO_2热泵机组"工作原理。

3　实施情况

该项目被列入"十二五"国家科技支撑计划，总投资270万元，其中上

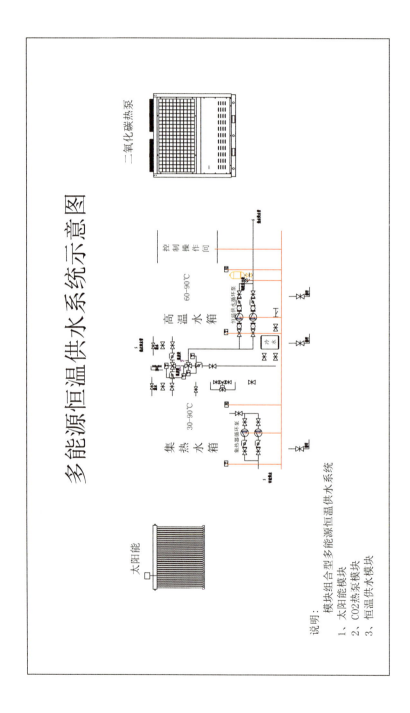

图 4.7 承压式太阳能集热器 + CO_2 热泵机组

海体育学院投资150万元，昆明东启科技股份有限公司、上海贵鸣新能源科技有限公司联合投资120万元。项目于2016年6月27日启动，历时2个月通过验收，实现公寓1 000余人的24小时热水供应，目前热水系统热源充足，热水供应稳定，师生反馈良好。

3.1 经济效益

本示范项目采用"CO_2热泵—太阳能"绿色能源为热源，低碳、环保、节能率高，与电热水器系统比较，年节约75.2万度电，折合电费47.4万元，节电率90.1%；与燃气热水器系统进行比较，年节约56.5万度电，折合电费35.6万元，节电率87.3%。

3.2 社会效益

"CO_2热泵—太阳能"组合热源，环境友好，热效率高，供应热水温度稳定，有效保障了公寓师生的热水供应。系统集成程度高、控制智能、操作维护简便，有利于系统维护人员提供更优质的售后服务，提高师生的满意度。

4 运行维护情况

热水系统委托有专业资质的企业进行管理，提供全年365天全天候技术服务，确保学生24小时可使用热水。2020年运维经费为7万元。

5 适用分析

5.1 技术推广

太阳能热水系统集热效率达54%，晴天供水温度在45—55℃之间，阴天供水温度在43—50℃之间，基本满足《可再生能源建筑应用测试评价标准》中对热水出水温度的要求；CO_2热泵机组可广泛适用于−20—43℃环境中，出水平均温度在60℃左右，可有效应用在学校、公寓、酒店、游泳馆、医院等场所。

5.2 经济适用

选用"CO_2热泵—太阳能"组合热源，耗电量低，每年可节约电费40万左右，项目一般投资回报期在3—5年。

5.3 运行维护模式

该项目运行维护模式适合学校投资，运行维护外包的场景。

七、同济大学CO_2热泵热水系统项目

同济大学　张　宏

项目类型：浴室热水系统改造
项目性质：市教委生态文明教育示范项目
项目实施单位：上海梓翔机电设备安装有限公司

1　项目背景

同济大学沪北校区位于共和新路1238号，住宿学生人数约1 600人，2017年浴室改造前为校区公共浴室（淋浴位82个）。洗浴热水系统为电加热蓄热系统，采用夜间谷时电价将蓄热保温水箱储水通过电加热系统升温至80度，白天浴室开放时供应热水。

近几年来该电加热系统已逐步陈旧，考虑进行改造。随着热水加热技术的发展，系统原有的电加热方式暴露了许多弊端，例如：（1）峰时电价0.64元，谷时0.40元，峰谷电价差距缩小，加热成本已无优势；（2）相对于热泵机组加热，电加热能效较低；（3）热水加热时间过长造成洗浴高峰时无法满足需求。

2017年为改善学生洗浴条件，将校区公共浴室集中改造为楼宇内公共浴室。本案例同济大学沪北校区第3学生宿舍楼空气能热泵热水系统建设项目，项目主要为学生宿舍楼提供生活洗浴热水。主要安装在同济大学沪北校区第三学生宿舍楼外北侧地面，热源主机采购数量为1台。洗浴用水需求为宿舍楼内集中浴室（28个淋浴位），每天最大需求人数为300人次。

2　建设方案

经计算楼内日生活热水的需求量约15—20吨，项目安装一台商用二氧化碳140II（R744）空气源热泵热水机组，增加20吨热水箱及变频水泵2台。通过热泵机组对生活热水进行加热，加热后热水进入储热水箱，由水泵向楼内浴室供水。

学校洗浴热水为楼内集中公共浴室供水，集中浴室共有28个淋浴位，供

300人使用。浴室定时开放时间为：6:00—7:00，15:00—22:00。

系统施工图如图4.8所示。项目采用昆明东启科技股份有限公司自主研发生产的CO_2热泵作为热源供热设备，项目由上海梓翔机电设备安装有限公司负责安装。

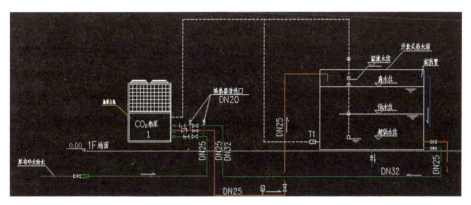

图4.8　开式系统施工图

3　实施情况

本项目由学校自主建设，于2017年8月开始建设，当年11月建成。投资约43.8万元。

改造后节能效果明显，每吨热水的加热成本下降50%，热水出水速度满足洗浴高峰的需求，学生满意度较高。

本项目以CO_2热泵热水机替代原有电加热，COP比值显著提升。操作方面，水温设定灵活，可满足用户不同季节对水温的要求，全年热水出水平均温度在60℃左右，不需电加热；且CO_2热泵使用寿命约是常规热泵的1.5—2倍。项目改造后，通过整体运行情况的对比，经济效益显著。

4　运行维护情况

本项目日常运维采用委托管理模式，运行3年以来安全稳定可靠。日常维护聘请第三方单位负责，日常管理因自动化程度较高基本由宿舍管理人员兼任，一般故障通过远程解决。第三方单位负责设施保养维护，应急故障维修等。本项目年运维费用纳入学校热泵系统运行维护专项经费。

5 适用分析

5.1 技术推广

CO_2热泵系统具有工程集成程度高、工程简便、绿色环保、控制智能、操作维护简便等优势，适合应用在学校、酒店、公寓、医院等场所供应热水。

5.2 经济适用性

CO_2热泵热水系统是目前经济效益最好的热水系统，全年可提供50—90℃的热水，浴室生活热水使用相对平稳。在满足用户热水供应需求的同时，运行费用相对较低。

5.3 运行维护模式

本项目采用委托管理模式。日常运维模式基本可分为建设方自管、委托管理和合同能源管理等三种，需要专业人员运维的推荐采用后两种模式。

光伏发电项目

一、上海电力大学智能微电网示范项目

上海电力大学　吴　亮　王严超

项目类型：智能微电网项目
项目性质：国家发改委能源局示范项目（合同能源管理）
项目实施单位：国家电网节能服务公司

1　项目背景

上海电力大学以打造"绿色、低碳、节能"的智慧型校园为目标，2015年在临港新校区规划设计与建设过程中，提出建设新能源微电网示范项目，利用新能源、节能、智能电网等技术，建设一套具有电力学科发展特色的智能能源系统，实现能源系统高效、可靠、稳定运行，降低能源系统运行成本（图5.1）。

图5.1　智慧能源管控系统平台

通过该项目的实施，一方面新校区实现了新能源的高效利用，另一方面项目还兼具科研与教学的功能，可以成为相关专业学生现场教学和实习实训以及相关学科教师和科研人员从事科学研究的重要基地。

2 建设方案

智能微电网储能系统包括校区内全部建筑屋顶安装的总容量为 2 061 kW 的光伏发电系统，校园内安装的 1 台 300 kW 瓦风力发电机，以及配置容量为 100 kW × 2 小时的磷酸铁锂电池、150 kW × 2 小时的铅碳电池和 100 kW × 10 秒的超级电容储能系统。

2.1 光伏系统

项目选择部分屋面安装单晶硅光伏组件，部分屋面安装多晶硅光伏组件。为抵抗沿海气候腐蚀，光伏组件选用双玻光伏组件。

一二期建筑面积总计 258 438 m^2，按 50 W/m^2 用电负荷、同时系数 0.6 估算，总用电负荷约为 7 753 kW；考虑寒暑假期间用电负荷降低，同时系数按 0.2 估算，总用电负荷约为 2 584 kW。一二期校区建筑物可利用屋顶面积约 16 000 m^2，可设置约 1 588 kW 的屋顶光伏发电系统，光伏所发电量基本可在校园配电网内消纳掉。

综合考虑技术创新性和成熟可靠性，根据校区总体规划，选择位于校区西北角的创新工程中心大楼作为示范应用 BHPV，实现光伏方阵与建筑的集成。BHPV 构件所发电力就近并入配电室，逆变器及汇流箱等设备安装于屋面或建筑内部配电室。

2.2 风力发电

上海临港区风力资源丰富，在上海东海岸 50 米高处，实测平均风速为 7 m/s，平均有效风能 329 W/m^2，年有效风力累计时间为 7 300 小时。根据新校区整体规划，并考虑噪音等因素，在校园西北角安装 1 台 300 kW 的风力发电机，与图文信息综合大楼、1—3 号公共教学楼、学术交流及事务中心、能机学院屋面的 418.7 kW 光伏系统及储能系统等组成一个微网系统。

2.3 智慧能源管控平台

智慧能源管控平台除了对新能源发电和热水系统的运行状况进行实时监控以外，还实现了全校范围内的用电、用水、燃气等综合能源的集中监控和科学的节能管理。

3 实施情况

该项目是国家发改委能源局的示范项目,由国家电网节能服务公司进行投资,国家电网节能服务公司与上海电力大学签订综合能源服务合同,上海电力大学按照合同约定每年支付国家电网节能服务公司相关费用。项目总投资约4 000万元,运行期20年,2015年开始设计建设,2018年9月正式投入使用。

3.1 经济效益明显

自2018年9月新能源微电网项目正式运营以来,已累计提供光伏发电320多万度、风力发电20万度、生活热水16万吨,减排二氧化碳3 000余吨。校园综合能耗降低25%。风光储一体化的新能源微电网系统提供了五分之一的校区用电,"太阳能+空气源"热泵组成的热水系统满足了万余名师生的生活热水需求。

3.2 社会效益突出

作为能源行业内首个建成的集技术集成应用创新、管理模式创新和市场化交易机制创新于一体的项目,从面世之初就备受社会各界关注,参观调研学习团队络绎不绝,呈现出横向传播面广、纵向传播面深的特点,CCTV等众多中央及地方媒体均作了专题报道。据不完全统计,2019年共计接待了150余批近3 000人次的参观考察。该项目发挥了临港新片区"临港大学堂"的部分功能,在2019年的创客夏令营中,助力临港地区中小学师生树立绿色、节能、智慧的生活理念,取得了良好的社会效果。

3.3 行业示范效应凸显

本项目是国家发改委能源局首批批复的28个示范项目之一,同时也是目前唯一建成的项目,引来能源电力行业的广泛关注。同时,该项目还接待了巴西、印度等国的多支考察团队。

3.4 教学科研示范效应显著

除了具备良好的商业运营属性以外,该项目还兼具科研与教学的功能。作为一所以能源电力为主要学科特色的高等学校,该项目已经成为相关专业学生现场教学和实习实训的重要基地,同时也是相关学科教师和科研人员从事科学研究的重要基地。

4 运行维护情况

该项目在合同期内由国家电网节能服务公司负责项目运行维护。学校后勤管理处负责日常的能源使用监管和结算工作。目前系统已平稳运行1年多。

5 适用分析

5.1 技术适用

项目技术比较成熟，应用规范。该项目相关技术适用类似的新校区建设、老校区改造以及其他的园区建设改造。

5.2 经济适用

光伏发电项目回收期相对比较长，与所在地区的年等效利用小时数、电价、项目成本和补贴标准相关，一般投资回报期都在6—15年。

5.3 运行维护模式

光伏发电项目一般分合同能源管理模式和自投资模式，前者适合节能服务公司负责运行管理，后者适合甲方主导的混合运维模式。

二、上海工程技术大学分布式光伏发电项目

上海工程技术大学　张靖晗

项目性质：光伏发电项目
项目类别：合同能源管理
项目实施单位：上海工汉新能源科技有限公司

1　项目背景

上海工程技术大学智慧校园一期3.3 MW分布式光伏发电项目是智慧校园示范项目的重要组成部分,是远期开发校园智慧能源工程的立足点和切入点。

该项目位于上海工程技术大学松江校区内,是上海工程技术大学2017年立项的"自发自用,余电上网"的分布式光伏系统,其所发电量大部分在上海工程技术大学校内进行消纳。

通过项目建设,一方面充分利用校园屋顶闲置资源建设分布式光伏系统可实现校区节能减排,塑造绿色生态校园;另一方面可推动可再生能源的教学实训基地建设,实现产、学、研的合作共赢,具有很好的示范效应和开创意义。

2　建设方案

项目内容包括光伏发电系统及光伏电场内建构筑物设施。安装工程主要有太阳能光伏发电系统和电气系统,土建部分包括并网设备基础、光伏组件基础等。该项目开发较为集中的宿舍楼屋顶,建设装机容量为3.3 MW的分布式光伏系统,所发绿色电力经逆变器逆变为交流电后,就地升压至10 kV,经2回10 kV电缆接入学校高压开闭所的2段10 kV母线。

2.1　太阳能资源及屋顶情况

上海市属北亚热带季风区,年日照时数约为1 718小时左右,多年平均太阳辐射量约为4 527 MJ/m^2,日照条件较为充足,具有较好的太阳能自然资源条件。经数据库查询,项目区域的多年平均斜面总辐射量为1 340 kW·h/m^2。

项目共涉及学校宿舍楼31栋,总屋顶面积约为2.4万 m²,均为混凝土屋面,其中平顶屋面16栋,弧顶屋面15栋。

2.2 光伏系统总体方案

项目总装机容量为3.3 MWp,采用单晶半片PERC电池组件。采用分散逆变、集中升压、用户侧高压并网方案。通过技术与经济综合比较,单晶硅电池组件选用440 Wp规格,组件数量约为7 500块。根据每幢宿舍楼布置的光伏组件安装容量及屋顶数量,本工程共配置60—120 kW逆变器共计31台,最终配置方案将在下阶段工作中优化并确定。本工程光伏组件方阵推荐采用固定式安装,根据项目所在地的地理位置和建筑屋顶结构形式,圆弧屋顶采用南坡固定倾角布置,布置角度约15°;水平屋顶固定倾角8—10°,在满足灰尘雨雪滑落要求及前后排间距合适的情况下,光伏发电系统全年发电量较高。根据逆变器参数,太阳能电池组串由15—20个电池组件串联而成。太阳能电池方阵由太阳能电池组串、逆变设备、汇流设备构成。

2.3 接入系统及电气设计方案

项目的运营模式为"自发自用,余电上网"。光伏发电系统接入电网拟采用10 kV高压并网方式,两回线路分别接入校区10 kV开闭所的两段母线上。

光伏发电系统由光伏组件、组串式逆变器、箱式变电站、10 kV并网设备及电缆组成。太阳能经光伏组件转化为直流电能,直流电通过直流电缆送至组串式逆变器,经逆变器逆变后送至就地箱式升压变电站,经升压后由交流并网柜接入校区配电系统10 kV侧。共设2个并网点,在每个并网点处,即交流并网柜内或新增的开关柜内,应装设电能计量表和电能量采集装置。

逆变器选择60—120 kW组串式逆变器,与光伏组件一起安装于屋顶。

就地升压箱式变电站选择1 500 kVA的双绕组干式变压器,型式为欧式箱变,分别安装在三期宿舍区和四期宿舍区的绿地或自行车棚。

2处10 kV并网点处分别配置1套并网柜、计量柜及进线柜,采用户内金属铠装式开关柜,开关柜内部配真空断路器及弹簧操动机构。柜内主母线的尺寸规格应与开闭所内已有的10 kV开关柜一致。

2.4 光伏支架设计

本阶段拟采用重力式基础的方式固定光伏组件,利用组件、支架、钢梁及混凝土支墩的重力抵抗风压，不与屋面生根连接。每个光伏组件阵列下采用纵向通长的钢梁连成整体，钢梁与混凝土支墩通过埋件连接，太阳能光伏组件通过螺栓与钢梁连接。考虑到屋面板的承载能力有限，混凝土支墩均应放置在次梁和主梁的位置，以免屋面板开裂。为提高阵列的抗倾覆能力，光伏支架阵列间通过型钢连接，以保证阵列的整体稳定性。混凝土支墩采用C30混凝土，螺栓采用Q235钢，主次钢梁均采用轻型H型钢。

3 实施情况

该项目总投资规模约1 270万元，运行期25年。项目由投资方上海工汉新能源科技有限公司进行投资建设及运营，并通过合同能源管理协议向上海工程技术大学提供清洁绿色且优惠的新能源电力。

项目于2019年7月8日开始建设，2020年8月29日正式投入使用。项目技术成熟，可行性较高。预计项目正式运行后会取得较好的经济和环境效益。经系统效率影响分析后得出，综合效率系数为0.8。在运营期25年内的年平均发电量为320.6万kW·h，平均年利用小时数为971.6小时。25年平均上网发电量320.6万kW·h，与相同发电量的火电相比，每年可为电网节约标准煤约991吨（火电煤耗按2018年全国网供标煤耗307.6 g/kW·h计）。相应每年可减少燃煤所造成的多种有害气体的排放，其中二氧化硫（SO_2）0.83吨，氮氧化合物（NO_x）0.81吨，烟尘0.19吨，可减少排放温室效应性气体二氧化碳（CO_2）2 706.1吨。此外还可节约大量传统火电厂用水，并能减少相应的水力排灰废水和温排水等对水环境的污染。

4 运行维护情况

该项目在合同期内由上海工汉新能源科技有限公司承担乙方投资的设备及设施的维修和保养的义务，对设备的维修和保养通过清洁、调整、更换或修理部件的形式进行，并向学校提供设备的维护保养记录。

5 适用分析

5.1 技术推广

项目相关技术实用性和可操作性较强，场地可充分利用校园屋顶闲置资源，塑造绿色生态校园，共同分享光伏节能减排收益，推动可再生能源的教学实训基地建设。适合有成片闲置建筑屋顶区且光照较为充分的学校或园区。

5.2 经济适用

光伏发电项目回收期相对比较长，与所在地区的年等效利用小时数、电价和补贴标准相关，投资回报期一般都在6—15年。

5.3 运行维护模式

大型光伏发电项目一般采用合同能源管理模式，适合节能服务公司负责运行管理。

三、上海体育学院屋顶分布式光伏发电项目

上海体育学院　崔鹏翔

项目类型：光伏发电项目
项目性质：合同能源管理
项目实施单位：上海市节能减排中心有限公司

1　项目背景

上海体育学院田径馆7 720 m^2，楼顶无遮阴及设备占用，适合建设分布式光伏电站，田径馆及周边建筑用电量稳定，基本具备发电自用，就地消纳的条件。综合以上考虑，学校在2014年决定在田径馆屋顶建立分布式光伏发电系统。

2　建设方案

项目采用"自发自用，余量上网"模式，田径馆建筑物附近有集中配电房，变压器容量10 kV/1 600 kVA，太阳能光伏发出的直流电经过逆变器逆变为交流电后便可直接接入相应的低压侧母线上。

2.1　光伏组件装机方案

本项目采用高效多晶硅光伏组件，组件拟选用260 Wp规格，共计安装2 340块，总装机容量为608.4 kWp。

2.2　光伏阵列运行方式

本工程需要保证足够的安装容量，同时综合考虑屋顶结构、结构固定安装的可实施性及与屋顶整体效果的美观与相互协调，本工程组件在彩钢瓦区域采用平铺方式，安装倾角与屋面的坡角一致；混凝土区域采用当地最佳倾角25°固定式安装。这种布置方式的优点是支架系统简单，安装方便，布置紧凑，节约场地。同时为了使发电量最大，安装方位角均为正南朝向。

2.3　光伏子方阵设计

屋顶固定安装的光伏子方阵将根据屋顶阴影遮挡及屋面详细情况布置，方位角与建筑物一致，为正南朝向。光伏组件长度方向平行于屋顶屋脊线放置，每20块组件为一串，每20米之间东西向留有1—1.5米的通道，便于将

来组件运行时表面清洁维护。

太阳能电池方阵由太阳能电池组串、汇流设备、逆变设备构成。太阳能电池组件经日光照射后，形成低压直流电，电池组件串联后的直流电送至汇流箱；汇流后采用电缆引至逆变器室，逆变后再接至相应的低压侧母线上。本工程共112并组串，共计接入11台20 kW加13台30 kW的逆变器。

3 实施情况

本项目采用高效多晶硅光伏组件，总装机容量为608.4 kWp，项目总投资为465.9万元，单位千瓦静态投资约为7 600元。项目采用合同能源管理模式，全部投资由上海市节能减排中心有限公司承担。项目于2015年7月建设，2015年9月建成投入使用，现运行良好。

3.1 经济效益

上海太阳能年辐射量约为4 525 MJ/m^2，综合考虑组件阵列倾角、方位角系数、电池组件转换效率修正系数、光照有效系数、逆变器平均效率等因素，本工程光伏系统综合效率为0.72，年平均利用小时数约为909.63小时，按照安装容量608.4 kWp，项目年平均发电量约为55.3万kW·h，大约每年可以降低能耗165吨标准煤。

3.2 社会效益

利用闲置的屋顶安装光伏电站后，实现太阳能与建筑的综合利用，为学校提供清洁能源，达到节能减排的效果，体现了学校的社会责任。同时，光伏电站就建在学校的屋顶，相当于一个规模较大的科普教具，时刻教育师生认识到节能减排的重要意义。

4 运行维护情况

本项目采用合同能源管理模式进行投资，后期运行维护均由节能服务公司提供，很大程度上缓解学校方节能资金和人员紧缺问题。

5 适用分析

5.1 技术推广

光伏发电技术成熟，不受地域、海拔等因素限制，可以自动控制，基本上可实现无人值守，维护成本低，可以就近供电减少损耗，复制推广难度低。该项目技术适合屋顶面积较大、屋顶设备少、遮阴面积较少的建筑。

5.2 经济适用

目前国家和地方政府都有一定的补贴政策，减少前期投入的成本和风险。综合投资回报期在6—15年左右。

5.3 运行维护模式

该项目运行维护模式适合采用合同能源管理模式建设的光伏发电项目。

四、上海交通大学陈瑞球楼光伏发电项目

上海交通大学　王　波

项目类型：光伏发电项目
项目性质：学校自筹项目
项目实施单位：上海电气集团股份有限公司

1　项目背景

陈瑞球楼总建筑面积18 847 m²，该建筑由研究生教学公共教学区、会议演讲区和服务办公区组成。陈瑞球楼建筑的屋顶构造均为混凝土平顶结构，面积较大，屋顶平整，承载结实，能够实现屋顶太阳能电站计划。项目优势为装机容量相对大，施工方便。在其建筑屋顶铺设太阳能光伏发电系统，周围无阴影遮挡，光照充足，非常符合太阳能光伏发电的要求。因此学校2018年启动陈瑞球楼光伏发电项目。

上海交通大学建筑量大，用电需求强烈，实施分布式光伏项目建设既能承担一定的电力供应，起到削峰填谷的作用；又不占用宝贵的土地资源，节省电费的支出，增加综合经济价值；且项目的展开能为广大师生提供学习和应用能源互联网的场景，对培养大学生低碳用能、生态发展的观念具有重要意义。

2　建设方案

陈瑞球楼屋面面积约4 000 m²，根据实际走访，屋面有部分已安装空调外机，可利用屋面预计为2 000 m²，屋面为混凝土结构，留出阴影遮挡区域，共采用680块260 W的太阳电池板，光伏装机容量约180 kW，组件串线为12串，通过6台光伏汇流箱汇流后接入2台100 kW光伏逆变器，采用混凝土压块形式进行安装。

3　实施情况

在中央改善办学条件专项资金的支持下，经充分调研论证后于2019年

对闵行校区陈瑞球楼进行光伏发电项目建设。本项目总体预算182万元。

根据可利用屋顶资源安装光伏发电组件180 kW，综合效率取经验值78%；日平均峰值日照时数3.8小时，首年发电量18万 kW·h，预计发电能力衰减率20年不低于20%，即年均发电量19万 kW·h；20年累计发电353万 kW·h，节约1 059吨标准煤。不考虑融资成本，按静态投资回报核算，预计6年回收成本。

4　运行维护情况

项目采用委托管理模式，即乙方负责日常运行维护。本项目整体施工工程质保期2年；光伏组件质保期10年，组件线性功率质保期25年；逆变器质保期5年；支架系统质保期不少于5年，使用寿命不低于25年；电缆质保期2年。在质保期内发生问题，乙方应在收到甲方通知后商定的时间内派合格的技术人员并携带工器具无条件到现场作技术服务。在质保期满后，设备符合技术规格的要求（凡不影响合同设备规定用途的不足之处除外，但乙方应在30天内负责消除这些瑕疵，费用由卖方自理，凡属重新制造的设备或部件，供货时间另行商定）。

5　适用分析

5.1　技术推广

校内光伏发电项目，适用于建筑屋顶构造为平顶结构，面积较大，屋顶平整，承载结实，能够实现屋顶太阳能电站计划。

5.2　经济适用

不考虑融资和节能减排成本，按静态投资回报核算，预计6年左右回收成本。

5.3　运行维护模式

该项目采用的委托管理，质保期内，乙方负责运行和维护；质保期满后，签订运行维护协议。该模式适用需要专业公司负责运行维护的场景。

餐厨垃圾处置及
水资源管理项目

一、上海海关学院餐厨垃圾资源化项目

上海海关学院　赵海腾

项目类型： 餐厨垃圾处理
项目性质： 市教委生态文明教育示范项目
项目实施单位： 上海京申科技有限公司

1　项目背景

上海海关学院学苑餐厅每天产生的餐厨垃圾3桶，每桶240 kg。项目实施前，学校通过与上海市浦东新区市容环卫收费管理中心签订餐厨垃圾收运协议，由其负责无害化处理，年餐厨垃圾处理费约5.8万元。除了学校要承担高额的餐厨垃圾管理和处理费用以外，食堂在收集、运输、贮存餐厨垃圾的过程中还容易产生一系列环境问题。

根据《上海市学校能源审计技术导则（试行）》（沪教委后〔2014〕3号）等文件规定，为进一步规范学校餐厨垃圾处置，学校2014年4月决定在学苑餐厅边上建设餐厨垃圾资源化项目，以实现学校餐厨垃圾源头资源化、无害化处理。

该项目建成后，学校的餐厨垃圾进入资源化利用阶段，既消除了垃圾二次污染问题，又可获得无害资源，用于绿化肥料，降低学校的运行成本。

2　建设方案

该项目在学苑餐厅西侧建设餐厨垃圾处理站，安置一台日处理量为300 kg的餐厨垃圾处理机及相关配套设施。该垃圾处理站占地约20 m^2，处理机占地面积约5 m^2。餐厨垃圾处理机采用生物综合处理技术，利用特殊微生物菌群将餐厨垃圾进行分解，使之变成可利用资源。

学校食堂安排专人协助引导师生做好剩饭剩菜的分类倾倒工作，食堂工作人员对餐厨垃圾进行初步分拣，完成前端油水分离后，将剩余的餐厨垃圾运送至餐厨垃圾处理站，处理站值守人员将餐厨垃圾投入带有称重系统的自动提升设备内，待值守人员记录好重量后再投入处理机。经过10—24小时的高温菌群快速分解，餐厨垃圾只剩下体积容量为10%左右的残渣。该残渣属于有机肥料，可直接用于花草树木的施肥。

该项目的餐厨垃圾处理工艺流程和餐厨垃圾处理机设备结构分别如图6.1、图6.2所示。

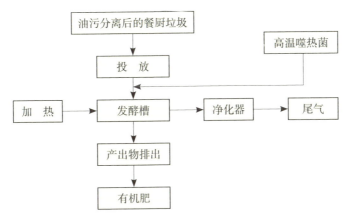

图6.1　餐厨垃圾处理工艺流程图

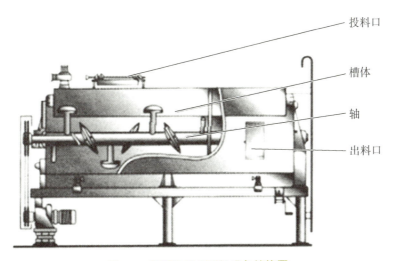

图6.2　餐厨垃圾处理机设备结构图

3　项目实施情况

该项目由学校自主建设，总投资60万元，主要用于餐厨垃圾处理机采购、餐厨垃圾处理站土建和水电配套等。项目建设开始于2014年6月，2014年9月完成建设，年处理油水分离后的餐厨垃圾量约28吨，产出有机肥约1.62吨，至今运行良好。

该项目技术成熟，经济可行，无异味，可以有效解决餐厨垃圾处理问题，减轻学校后勤管理压力，减少环卫费用支出，产出的有机肥可用于学校绿化施肥。

3.1 经济效益

通过新旧餐厨垃圾处理方式比较，引入餐厨垃圾资源化处理系统后，学校每年免去了约5.8万元的垃圾收运处理费，增加了年约0.4万元的有机肥料，扣除运行的电费约0.2万元，年节约费用6万元。

3.2 社会环境效益

该项目建设在高校食堂边，可以有效解决餐厨堆放和清运问题、后端垃圾处理问题，减轻学校后勤管理压力，降低学校的运行成本。项目的建成对于师生环保意识的培育也有一定的促进作用。

4 项目运行维护情况

该项目采用甲方主导混合管理模式，即甲方安排专人负责日常运行管理，乙方负责整个设备的维护、保养和菌种投放等。学校设立专项维护费，年维护费约5万元。

5 适用分析

5.1 技术推广

该项目所用餐厨垃圾生物技术处理设备完全具备如下特点：

（1）微生物低温发酵降解，高效降解，餐厨垃圾减量化达到90%以上，餐厨垃圾降解后转化成可用于植被的有机肥料；

（2）源头就近处理餐厨垃圾，设备占地面积小，全自动，无臭气排放；

（3）降低运输成本，减少了环卫的清运次数，避免了垃圾在运输途中的二次污染。

该项目技术成熟，经济合理，适用于各类大中小学、企事业机关、医院、社区、商业场所等人流量集中且餐厨垃圾产生量大的区域。

5.2 经济适用性

该项目总投资适中，投资规模与餐厨垃圾日处理量相关，能够解决餐厨垃圾就地资源化问题，提升后勤管理水平，具有较好的经济效益。

5.3 运行维护模式

该项目采用甲方主导的混合管理模式，项目运行效果良好，企业负责设备维护管理和菌种投放，学校负责餐厨垃圾分类、设备日常运行管理等工作，适应性强。

二、复旦大学北区食堂餐厨垃圾处理项目

复旦大学　姚安萍

项目类型：餐厨垃圾处置项目
项目性质：学校自筹项目
项目实施单位：易见通（上海）环保科技有限公司

1　项目背景

复旦大学北区食堂每年产生餐厨垃圾约 500 吨。项目实施前餐厨垃圾采用传统的清运方式，食堂配备 8 名员工负责收集、倾倒餐厨垃圾，清理、维护餐厨集中投放点的卫生。相关餐厨垃圾收集并归置到餐厨垃圾集中投放点后，委托专业公司进行清运和处理，年餐厨垃圾处理总成本约 57 万元。除了要承担高额的餐厨垃圾管理和处理费用以外，食堂在收集、运输、贮存餐厨垃圾的过程中还存在一系列问题。

为响应国家绿色环保号召，探索高校食堂餐厨垃圾智能处理新模式，提高资源化利用和无害化处理能力，引领高校餐厨垃圾智能处理发展方向，打造高校绿色环保典型，复旦大学在 2019 年决定在北区食堂整体改造期间引入餐厨垃圾智能处理系统。

2　建设方案

在北区食堂一层布置两个综合投放口和三个后厨投放口，食堂二层布置两个综合投放口和三个后厨投放口，投放口的布置要能满足餐厨垃圾及时清运的要求，提升了新食堂的智能化程度，实现了餐厨垃圾的无害化、资源化处理（如图 6.3 所示）。设备主机房占地约 80 m^2，建于食堂西北侧大门旁的绿化带内，投放口与设备主机之间的管道遵循垃圾输送时间短、提高垃圾输送效率且安全可靠的原则选择路径进行布置。

改造后利用预先设置的管道，负压收集到集中处理机房，对垃圾进行渣、油、水的分别处理（如图 6.4 所示）。废渣利用特定的微生物技术分解成为二氧化碳和水，达标排放。油则收集至集油桶，进行市销创收。水经过处理，

图6.3　餐厨垃圾智能处理系统图

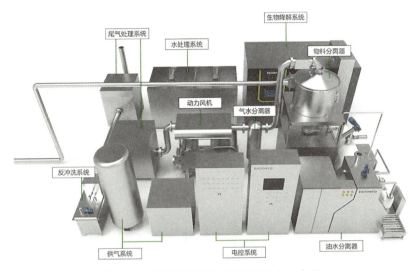

图6.4　餐厨垃圾智能处理系统设备分布图

排放至校园污水处理中心或利用污水处理设备处理达标后排放于市政管道。

3　实施情况

本项目采用设备租赁方式，于2020年3月30日开始建设，2020年5月2日完成建设，至今运行良好。设备租赁费用约48万元/年，意向合作6年，合同一年一签。

通过师生自行倾倒，设备利用预先设置的管道负压封闭收集到集中处理机房。自动负压回收处理的方式解决了在搬运过程中易对周边环境及食物造成二次交叉污染等问题；封闭式回收，无二次污染与外溢，降解仓70℃高温降解，病毒完全灭活。经项目实际测试后，设备连续运转情况良好，极大地改善了项目所在地食堂的卫生环境和后勤压力，本套餐厨垃圾系统可靠高效，满足学校要求。

3.1 经济效益

引入餐厨垃圾智能处理系统后，学校每年免去了约57万元的运营成本（其中的垃圾收运处理费9万元，人力成本48万元），仅需要支出设备租赁费约48万/年，节省了9万元的开销；同时，新系统还为学校带来额外的收益约39万元（详见下文5.2经济适用性）。综上所述，学校综合收益为48万元/年。

3.2 社会环境效益

本项目建设在高校食堂内，可以有效解决灶台水与滤油池问题、垃圾堆放和清运问题、后端垃圾处理问题，减轻学校后勤管理压力，为疫情风险管控提供参考，并能更好地提升新食堂的智能化程度，改善食堂环境，提高工作效率。

餐厨垃圾传统处理方式无法杜绝对环境的破坏，增加了疾病传染的可能性。餐厨垃圾智能处理系统将极大改善此问题，并将餐厨垃圾最大限度地纳入监管范围。此外，对于在校师生环保意识的培养也具有一定的促进作用。

4 运行维护情况

项目目前的运行维护由甲乙方协作完成，其中学校食堂会安排专人协助引导师生做好剩饭剩菜的分类倾倒工作，餐厨垃圾智能处理系统由乙方负责产品投放期间设备的运行和维护。

5 适用分析

5.1 技术推广

北区食堂的餐厨垃圾智能处理系统的处理模式及优势如下：

（1）利用微生物技术降解，进行水气处理，实现达标排放，可24小时降解，降解率可达95%，满足持续投料需求；

（2）全自动无人值守、自动清洗、自动烘干、自动出油，具备尾气处理、污水净化功能、可选配自动淘洗仓等功能；

（3）模块化设计、箱式机房、安装简单、无需报建；

（4）食品安全指标检测功能和实时数据监测功能，有助于管控食物来源与疫情风险。

5.2 经济适用性

北区食堂日均就餐约1.4万人次，每年要产生约500吨垃圾，引入餐厨垃圾处理系统后，食堂能得到由处理系统转化出的二次油回收收益，以及政府针对新方案垃圾处理项目的补贴，两项合计约39万元/年。

5.3 运行维护模式

食堂餐厨垃圾智能处理系统的前端和后端还是需要人员控制和管理，特别是系统前端需要监督引导师生做好餐厨垃圾的分类和倾倒工作，系统末端的肥料处理和二次回收油的处理也需要专人负责。整体来讲系统运行维护需要双方共同管理，其中校方侧重于系统前端的管理，乙方负责系统维护和系统回收物质处理。

5.4 适用范围

餐厨垃圾智能处理系统通过预先铺设好的管道系统，利用负压技术将垃圾抽送至集中处理站，广泛适用于医院、景区、商厦、写字楼、高档社区、商业广场、会展中心等人流量集中且垃圾产生量大的区域。

三、上海财经大学雨水暨回扬水综合利用项目

上海财经大学　陈　珏　周爱军

项目类型：非常规水资源利用项目
项目性质：市教委生态文明教育示范项目
项目实施单位：百世建设（集团）有限公司

1　项目背景

上海财经大学一贯重视节水工作，2008年被评为上海市首批"节水型校区"。学校在一般的节水措施之外，在楼宇新建改建的时候一直考虑非常规水资源的利用。2009年，为了响应上海市政府应急水源地建设和本市部分高校应急避难场所建设的要求，学校建设深水回灌井，回扬水管道口径100 mm，每次回扬水量约50—70 m^3，学校将回扬水抽出后，一部分通过管道排入春晖湖，一部分通过原教辅楼厕所冲厕项目进行冲厕使用。2013年，在创业中心改建之时建立了一套雨水收集及综合利用系统，把收集的雨水用于该中心冲厕和周边绿化浇灌用途。

学校景观用水、绿化浇灌用水和路面洒水绝大部分还是使用自来水作为水源，为进一步推进学校节约用水工作，充分利用综合体育馆的大屋顶雨水收集系统和国定校区回灌井回扬水，2017—2018年学校以国定校区春晖湖为天然沉淀池，建设国定校区雨水收集暨回灌井回扬水综合利用项目。

通过该项目的实施，一方面将回扬水和雨水很好地利用起来，从而间接地减少学校对水资源的使用，达到节约用水的目的；另一方面通过对雨水收集、回扬水的改造利用，作为学校水资源再利用的现实案例，可以在学生中做好节约用水的宣传教育，对培养学生养成节约用水的习惯具有重要的现实意义。

2　建设方案

项目以春晖湖为天然蓄水池，把体育馆雨水收集系统以及春晖湖周边篮

球场、绿叶步行街的雨水，深水回灌井的回扬水收集到湖中：一是作为湖水的主要水源；二是经春晖湖初步沉淀后，收集到蓄水池，供景观用水、室外场地冲洗和绿化浇灌使用，达到水资源再利用最大化的目的。

2.1 雨水及回扬水收集分析

国定校区深水回灌井回扬水按照回灌期内（一年10个月）隔天回扬一次，非回灌期每周一次，每次半个小时，每次50 m³，年工作160次计算，年可收集回扬水8 000 m³。

国定路综合体育馆2017年建成后，该项目采用一套雨水利用系统，将收集的所有屋面雨水，经初期弃流后通过电动阀汇入春晖湖，作调节和沉淀用途。综合体育馆及附近地面雨水收集量按照以下条件计算：

（1）上海地处华东沿海地区，年均降雨量1 164.5 mm，最大月降雨量169.6 mm（6月），全年60%的降水集中在5—9月的汛期，雨水量充足，适合采用雨水回收利用系统。

（2）根据《建筑与小区雨水利用工程技术规范》（GB50400—2006）中4.2.1条规定的雨水设计径流总量计算公式，则雨水年收集量为3 130 m³。另外，学校拟把春晖湖道边上的篮球场和绿叶步行街等附近地面雨水也引导到河道中，根据以上计算，可再增加雨水年收集量约9 000 m³。

因此，回扬水及雨水年收集约20 000 m³。

2.2 雨水及回扬水收集系统

新体育馆配套建设雨水收集系统，收集所有屋面雨水，经初期弃流后通过管道排至春晖湖；春晖湖周边的篮球场、绿叶步行街，以及周边的宿舍、食堂道路所收集的雨水通过雨水管道收集到春晖湖；深水回灌井的回扬水通过专门管道排放到湖中。

2.3 雨水及回扬水利用系统

项目先把收集的雨水和回扬水用作春晖湖水源，同时把沉淀好的湖水引入蓄水池，通过变频水泵抽水，供湖边假山景观用水、室外场地冲洗和绿化浇灌使用。

在蓄水池及控制系统建成后，在春晖湖区域内通过管道敷设至绿化灌溉区周边，通过高效喷淋系统进校绿化浇灌；景观用水通过控制箱操作完成；电动浇灌车移动浇灌用水则通过两侧的取水口取水。

蓄水池建设，雨水及回扬水利用控制系统的详细方案如下所述。

深水回灌井排水口附近的春晖湖边开挖现浇一座地下54 m³混凝土水池，和亲水平台一体设计；平台高出春晖湖水面50 cm左右，顶面花岗岩铺装，水池预留检修口。地下水池底安装两台潜水泵和一套变频电控柜，水泵和变频控制柜安装的地方，平整场地浇筑素混凝土基础。设备安装完成后搭不锈钢简易棚保护设备安全，确保设备正常运转。水泵与不锈钢蓄水箱之间采用镀锌衬塑钢管沟槽式配件方式连接，阀门用法兰弹性座闸阀，明装管道保温用橡塑保温管外包铝板。电控柜电源由就近选择能满足负荷的配电箱敷设YJV5×10 mm²电缆供电，供电电缆穿镀锌钢管保护。

变频水泵出水侧敷设二路管道。水泵到垃圾房敷设一根Φ63 PP-R管道，管道两侧安装铜闸阀控制，供垃圾房及配套用房清洗用水等，管道主线采用埋地敷设方式，部分管道明装外露部分用橡塑保温管保温。水泵到绿化灌溉用水敷设一根Φ89镀锌衬塑钢管，采用沟槽式配件连接，管道终端用铜闸阀控制砌筑中表井。管道埋地敷设，表面采取防腐蚀处理，管道过混凝土路面先切割再开挖，绿化带开挖敷设完成后修复绿化。剖面图和结构图分别如图6.5、图6.6所示：

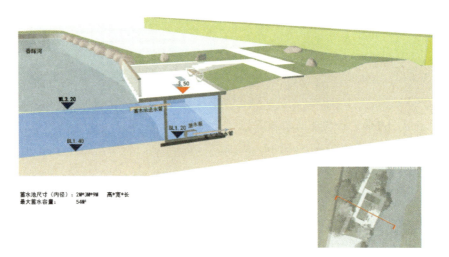

图6.5　蓄水池剖面图

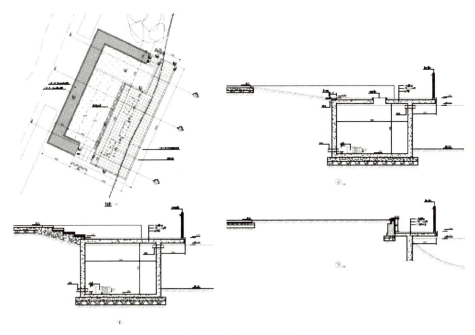

图6.6 蓄水池结构图

3 实施情况

项目由学校自主建设,市教委专项支持40万元,主要用于蓄水池及抽水控制系统主体工程建设、绿化自动浇灌和绿化取水点铺设;学校配套经费20万元,主要用于周边的雨水管道及新体育馆的屋顶雨水收集系统建设。

该项目根据综合体育馆、景观建设的进度分批进行,2017年8月—10月完成蓄水池主体项目建设,2018年6月—7月完成假山景观用水管网铺设等配套工作,现运行良好。

项目方案技术成熟,经济可行,且操作简易,不需要专业技术操作人员。由于该项目的雨水及回扬水主要用于湖水水源、绿化浇灌、景观用水,不需要药水消毒,运行成本和操作难度都比较低。

3.1 经济效益

雨水和回扬水主要用于春晖湖补水,年补水量约7 000—8 000 m^3;景观及绿化浇灌用水年约6 000 m^3,路面冲洗用水量相对较少,以上合计年节约水费合计约5万元(按照3.65元/ m^3计算)。

3.2 社会效益

雨水收集暨深水回灌井回扬水综合利用项目，在为学校节约水资源的同时，作为学校水资源再利用的现实案例，是广大师生的节约用水宣传教育基地。

4 运行维护情况

项目采用甲方主导，混合管理模式。学校后勤管理处总体负责，杨浦绿化公司负责日常运行管理，学校水电管理中心指派专人对储水水箱及配套电气控制柜、管道阀门进行定期维保检查，确保设备正常运行。绿化喷淋浇灌由杨浦绿化公司根据绿植生长和天气情况自行启动，景观用水根据学校要求定期开启。

该项目不单设运维经费，运行维修经费包含在学校绿化运行管理和水电运行管理经费中。

5 适用范围

5.1 技术适用

该项目采用技术成熟，可行性高，适合于有河湖等水体的学校，且主要用于对水质要求不高的河湖水补充、绿化浇灌和景观用水等。考虑到上海雨水的季节性和冲厕用水的技术要求，该项目技术不适用于以雨水为单一水源并依靠蓄水池进行雨水收集，且用于对水质要求较高的冲厕用水等。

5.2 经济适用

该项目总投资不高，但其经济适用性主要与收集到的雨水等非常规水源数量、使用量和当地水价相关，高校项目一般投资回报期在5—10年。

5.3 运行维护模式

该项目采用甲方主导的混合管理模式，项目运行效果良好，适用于职责明确、干扰性少、操作简单的场景。

四、上海理工大学地下供水管网探漏服务项目

上海理工大学　郭景振

项目类型：地下供水管网测漏项目
项目性质：学校自筹项目
项目实施单位：上海济辰水数字科技有限公司

1　项目背景

上海理工大学军工路516号校区与军工路1100号校区由于占地面积大，建校时间长，供水管道较为陈旧，地下供水管网存在跑冒滴漏现象。学校缺乏专业的测漏技术人员及设备，即使地下供水管网存在漏损，也难以察觉。

2019年8月，水利部、教育部、国家机关事务管理局联合印发《关于深入推进高校节约用水工作的通知》，提出"各高校要积极探索应用合同节水管理模式，拓宽资金渠道，调动社会资本和专业技术力量，集成先进节水技术和管理模式参与高校节水工作"。

为保障学校的用水安全，降低学校管网的漏损，减少水资源的浪费，提升学校用水的效率，学校决定2019年引进第三方节水服务企业专业人员及技术对学校地下供水管网漏损开展检测服务。

2　服务方案

本项目主要引进第三方节水服务企业专业人员，通过声学检测仪Permalog与PermaNet、多探头Soundsens系统、噪声相关仪Touch Pro等先进探漏设备和技术，对上海理工大学军工路516号与军工路1100号两个校区的地下供水管网开展持续性的管道漏损检测服务工作。

3　实施情况

此项目合同总价为18万元，由学校预算拨付。项目从2019年底开始至2020年6月，共检测出大小漏水点12个，探漏效果明显。

3.1 经济效益

半年时间检测漏点12个,预估年节省水量30万 m^3,按照学校水价3.65元/m^3计算,约节省水费109.5万元/年。

3.2 社会效益

一方面提升了学校水资源的利用率,降低了学校的用水费用支出。另一方面也有利于促使学校师生树立节水意识,掌握节水环保技能,减少污、废水的排放量,缓解上海市水资源的供需矛盾,促进上海市节水型社会建设的全面开展,对学校乃至上海市经济和社会发展产生积极的影响。

4 运行维护情况

该项目采用甲方主导的混合管理模式,即乙方负责检测漏水点,甲方负责开挖评判漏水点的准确性,对于明确的漏水点需及时补漏。项目管理分工明确,适用于任何高校的地下管网探漏环境。

5 适用分析

5.1 技术推广

本项目综合使用了多种声学仪器设备对学校地下供水管网进行漏损检测,能够较好地适应大多数学校复杂的供水管网环境。供水管网漏损检测工作是一项专业性较强的工作,该工作不仅需要有专业的声学仪器设备,而且还需要有经验丰富的测漏技术人员。

5.2 经济适用

本项目采用的是服务绩效合同,项目合同约定测出1个漏点后学校向节水服务企业支付漏点检测费用0.84万元,如未测出漏点仅需支付较低的进场服务费用。

5.3 运行维护模式

本项目在合同总价内由专业第三方节水服务企业持续性开展管网测漏工作,当达到预定全部效果后,由学校向第三方节水服务企业支付合同所有服务费用。这有效保证了项目的效果,调动节水服务企业的节水积极性,降低学校投资风险。该模式适用于目前大多数高校开展管网测漏工作,可有效降低学校供水管网漏损,提高水资源的利用率。

五、上海外国语大学二次供水系统改造项目

上海外国语大学　汤　军　陆　扬

项目类型：节能改造项目
项目性质：学校自筹项目
项目实施单位：上海威派格智慧水务股份有限公司

1　项目背景

上海外国语大学一贯注重推进智慧校园、绿色校园的建设，开展各项节能节水项目工作，不断优化师生工作和学习环境。

2017年底学校对松江校区、虹口校区开展了供水调查发现：师生在日常用水过程中存在水质问题、停断水现象，难以保障持续稳定用水，同时还存在设备老旧能耗问题以及后勤工作管理难题。

因此学校2019年立项，对松江校区、虹口校区存在用水问题的二次供水泵房进行改造，保障师生持续稳定用水，提升师生用水体验，同时提升后勤管理精细化水平。

2　建设方案

项目方案主要包括二次供水系统改造升级、液位控制系统建设、水箱增补。

2.1　供水系统更换

改造原有老旧锈蚀设备将其更换为智联变频供水设备。根据实际用水压力，结合服务区供水形式重新选择水泵，使水泵可以长时间运行在高效区间。以"水箱+变频泵组"形式供水的楼宇可以根据历史用水量和服务区内卫生器具种类数量为依据确定泵组流量，按实际需要出水压力，通过大小泵配置及夜间小流量保压装置，达到高效节能的效果。

（1）大小泵搭配：根据用水的不同时段采用大小泵搭配的方式，兼顾用水高峰和低谷，保证水泵始终高效运行。

（2）一对一变频控制：有效解决因控制系统异常造成的供水故障，大大降低系统故障率；同时，每个功能均预留了手动应急操作指令，面对突发状

况时可及时控制，降低财产损失。

（3）双控制系统（PLC+工控机）：面对PLC突发故障造成供水中断的情况，控制系统中增加了安全运行模式，利用PLC和工控机组成的双控制器维持系统持续运行，保证正常用水。

（4）小流量保压功能：在原有普通设备的基础上，增加了高压腔，平常时段供水时用来蓄水，用来在夜间不启动设备的情况下满足小流量用户，减少了能耗。

2.2 液位控制系统

水箱液位管理决定了水箱进水所需的时间。首先，要优化水箱液位参数，即高低水位点。通过对水箱液位的长期监控，可以得出该水箱每天的波动情况，从而计算得出该水箱每天的用水量。在保证足量供水的前提下，尽量使水箱液位每天都有足够的波动范围，以减少水箱内细菌繁殖。因此可以自动或人工重新设定水箱液位高低水位点。其次，通过实时监控水箱当前液位，与最高液位进行比对，得出待蓄水容积。需要注意的是，系统必须考虑计算时刻到实际蓄水时刻的水箱用水情况，做出一定的容积预留。

2.3 水箱改造

学生用水存在明显潮汐性，针对两校区两个二次供水泵房存在的水量不足问题，通过设计院实地踏勘、出具蓝图、确认承重等步骤，加装液位控制系统及增设水箱，满足师生高峰时期用水。

3 实施情况

项目由学校自主建设，投资125万元，于2019年8月实施，当年10月完成建设并验收，现今两校区已改造系统使用良好，没有出现过故障，保障了师生安全稳定用水，也提升了后勤管理服务质量。

3.1 经济效益

原来设备采用两台运行功率为15 kW的水泵，每日水泵组工作时间约为12—13小时，共计每日耗电量约为389 kW·h。项目更换为两台11 kW和一台5.5 kW水泵，分用水正常期、用水高峰期、用水小流量期，选择不同启泵次数和启泵大小功率数，每日工作时间运行时长可以降低为8—9小时，泵组电机不需要满负载运行，平均运转功率仅为满负载运行的70%—

80%之间，每日耗电量约为272.3 kW·h。同时，小流量保压功能可有效地减少水泵的起停次数，启停次数可从10次减少至3次，提高了供水设备的能效，更节能和静音。该项目实施后相对原设计供水设备，每年的节电约为42 000 kW·h，减排约11 424千克二氧化碳，节电效果明显。

3.2 社会效益

松江校区原有供水系统在高峰时期存在停断水现象，通过增设水箱，保障在高峰来临之前蓄水，解决学生公寓缺水问题；同时增加液位控制系统，根据不同时期用水人数及用水量智能化调控液位，确保水质循环以及师生正常用水，没有死水层，提升师生用水体验。

4 运行维护情况

项目采用甲方主导，混合管理的模式。学校后勤工作管理处总体负责，项目实施单位对于设备出现的故障进行处理，并协助负责日常的巡检维保工作，定期检查，确保设备正常运行。

在疫情期间用水人数较少，项目实施单位根据用水人数对水箱液位进行了调控，确保水质安全。项目不单设运维经费，运维经费包含在学校后勤管理费用中。

5 适用分析

5.1 技术推广

技术推广方面，该项目采用的技术成熟，可行性高，针对学校不同的供水问题，可针对性出具解决方案，保障师生安全稳定的用水。同时提高后勤管理的精细化水平，推广性强，且对于学校二次供水泵房数量较多的，能够进行整体智慧化管理，助力智慧校园建设。

5.2 经济适用

该项目总投资不高，能够针对性解决师生用水问题，保障师生用水品质，同时能够起到节能节水的效果，有较好的经济效益。

5.3 运行维护模式

该项目采用学校主导的混合管理模式，项目运行效果良好，企业可帮助学校进行运维管理，适用性强。

宿舍综合改造及变电站托管项目

一、上海建桥学院智慧宿舍建设项目

上海建桥学院　曹自强

项目类型：宿舍综合改造项目
项目性质：学校自筹项目
项目实施单位：睿邻（上海）智能科技有限公司

1　项目背景

上海建桥学院于2015整体搬迁至临港新校区。随着办学规模扩大和招生人数逐年增加，学校现有宿舍资源承载力已无法满足2019年新生入住，故于2019年在北区新建两栋学生公寓楼。

由此契机，学校积极响应上海市教委绿色校园建设，对新建两栋宿舍楼进行智慧化物联改造，从而进一步向节约型校园的建设发展转变。

2　建设方案

2.1　总体架构

智慧宿舍建设内容主要是以智能计量插座、智能开关等为基本设备，利用智能网关，基于物联网技术实现对房间、空调、插座、照明灯进行电量计量、能耗统计、远程控制、动态警报等功能；师生可根据不同场景实现空调多种策略设定，如设定自动开启和关闭时间、设定使用时长、设定使用时间段等；按照建筑、分项、时间等多种维度对能耗进行统计分析，展示能耗曲线图，设定能耗阈值，实时报警通知，实现对能耗进行高效管理；通过采集电表数据进行电量预付费管理、计费、收费、报表打印等，提升高效节能，实现学生社区智能自动化；通过加装多功能智能门锁，为学生提供了密码、一卡通、钥匙和远程控制多方式的入门方式，实现门锁实时状态监控，并实时采集学生出入寝室的数据，实现宿舍内学生的考勤管理和异常出入预警等。

智慧宿舍建设基于原有布线结构的后装式、智能化无线微创改造，通过在房间空开盒中加装体积小巧的智能控制设备，配备独立的计量智能插座和安全智能门锁，建立宿舍与平台云端的动态数据交互通道。另外，宿舍楼内的通讯方式采用本地无线（ZIGBEE/BLE）嵌套基站无线（LORA）的多维度融合网络架构。师生可通过微信小程序实现室内照明、空调、热水器、门锁、插座等远程控制。方案总体框架如图7.1所示。

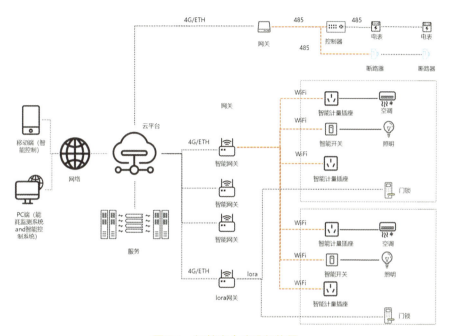

图7.1 智慧宿舍建设架构图

2.2 学生宿舍用电智能控制与管理系统

实现对学生宿舍用电计量、用电预充值与提醒、对宿舍进行远程的拉闸合闸，自定义照明使用时间，可制定策略组合控制，实现违章电器自动辨别、学生宿舍电器远程控制与预约等功能。

2.3 学生行为预警与看护系统

行为异常警示（根据人脸闸机、门锁使用等情境辨别行为异常，如长时间没人出入宿舍等现象）、假期即双休日留宿管理（学生申请留宿与宿舍通电相关联）、精准化的违章用电管理（插座到人）。

3 实施情况

学校于2019年5月启动学生社区D区两栋新宿舍楼1 007个宿舍的智慧

物联建设，平均每个宿舍的物联改造资金投入在1 500—2 000元，并于同年7月项目完成交付。截至目前，新宿舍楼内物联设备运行稳定，师生对于智慧远控功能的反馈较好。

学生宿舍作为学校的"用能大户"存在用能人数多、设备多、用能时间长等特点，通过本项目对于建筑分户用能计量的节能改造，并通过智慧物联平台实现每个宿舍楼宇的远程控制管理、能耗统计分析，为宿舍内日常事务管理和节能监管提供依据和有效手段。

通过宿舍智慧化改造，实现社区管理人员和学生对于宿舍内的设备的远程控制，能有效推进社区用电安全的管理和学生的日常用电规范，并培养学生节能环保意识，帮助学校逐步完成绿色校园建设。

4 运行维护情况

学校宿舍物联改造项目日常运维采用外包模式，由项目实施单位负责日常运行和维修，学校后勤保卫处对运维质量进行监督考核。同时，学校组织校内维修人员进行智慧物联设备维护的专题培训，可以确保平台的常态化运行。

由于项目实施基于原有布线结构的后装式无线微创改造，改造后设备损坏率较低。与此同时，项目实施单位采用工程师驻场维护，当改造后的宿舍物联设备损坏后，工程师能有效及时地进行维修和替换，保障宿舍物联设备的正常运行。

5 适用分析

5.1 技术推广

项目在建筑原有布线结构上进行后装式智慧化无线微创改造，房间内采用无线便捷部署，且与宿舍生活网络无关联，设备模块化程度高，可扩展性能强，技术成熟，稳定性高。同时，智慧物联管理平台实现宿舍内设施设备用电能耗的分项计量、实时监测和远程控制，适合高校和一般单位在不同场景下的智慧化改造。

5.2 经济适用

该项目的物联设备单价与施工成本比市场上其他同类产品与方案较低，

但项目总投资费用需考虑投资规模与学校规模、计量点位和管理颗粒度等相关数值。该项目有助于学校了解宿舍每个房间内能源资源使用情况和宿舍人员在寝情况，在推进节能改造和能源管理的同时，也进一步加强了社区人员出入管理，为学校的学生社区管理提供了重要的依据，有效降低能耗水耗增长幅度，提升管理效率。

5.3 运行维护模式

该项目采用项目实施与维护外包的模式，且实施单位提供现场驻场服务，确保设施设备日常运行。学校组织校内维修人员维护培训，建立常态化运行管理模式。目前，项目运行效果良好，适合于职责明确、有专人负责、专项经费的学校。

二、上海师范大学生态学生宿舍园区项目

上海师范大学　王　昀

项目类型：宿舍改造项目
项目性质：学校自筹项目
项目实施单位：上海宇舍科技服务有限公司

1　项目背景

科技的普及引领着各个行业的飞速发展，随着我国"互联网+教育"战略的持续推进，合理应用信息技术，助力高校智能化建设逐渐成为新的课题与趋势。上海师范大学徐汇校区建立于1955年，学生宿舍的设备设施和运维模式相对传统，随着招生规模的不断扩大，学生宿舍管理的难度和强度逐渐提升，改变势在必行。

学校并未将宿舍改造当作一次普通的装修，而是将其定义为"宿舍革命"，通过引入信息化、智能化技术，建设生态学生宿舍园区，在提升生活品质的同时规范和培养学生良好的行为规范，达到育人的最终目的。

学校2018年立项建设生态学生宿舍园区，一期项目包括东六宿舍楼共计75个房间，二期项目包括东二、东七、东八宿舍楼共计328个房间。

该项目建设以"超级宿舍云平台"移动互联平台为核心，联动线上线下各项高科技设备设施与尖端技术，全方位提升宿舍环境及运维管理水平。

2　建设方案

该项目涵盖硬件改造、智能化技术引入、日常运维管理等多个方面。为宿舍内升级了"人脸识别+视频流+门禁"安防系统、智能考勤系统等设施设备。其中与节能环保相关的主要有学生公寓智能电控系统、空气能热泵热水系统、垃圾分类管理体系。

2.1　学生公寓智能电控系统

学生公寓智能电控系统实现了智能化用电监测，很大程度上节约了管理成本、提升了管理效率。同时，系统通过与超级宿舍云平台的技术对接，达

成预付费式的用电管理方式，培养了学生的节约用电意识。

（1）恶性负载智能识别：可根据学校实际情况及宿舍用电设备配置情况，在系统后台对恶性负载作功率和功率因素区间设置，进行功率因素与功率的组合性配合，精确识别恶性负载，保证正常用电及安全。

（2）节能降耗：采用双计量双控模式，对寝室用电进行细分，实现空调和照明分路控制，便于宿舍用电的分项计量、分类统计；同时具有分时限流功能，即不同时段容许不同大小电流使用，便于进行用电规范管理。

（3）用电全局管理：具有测量、记录当前模块电表的功率、功率因素等运行参数功能；系统可全局显示总房间用户数、正常用电房间数量、欠费房间数量、违章用电房间数量等信息，便于管理人员掌握用电负荷的相关数据及安全参数。

（4）远程控制：具有记录清零、较时、远程拉闸、远程合闸等实践功能。

（5）在线支付：学生可通过超级宿舍云平台，实时掌握寝室用电情况，进行在线缴费实时充值到账、退费等操作。

2.2 空气能热泵热水系统

空气能热泵热水系统能够为学生宿舍24小时提供热水，学生可通过超级宿舍云平台，进行热水淋浴费的在线充值、退费等操作。主要技术特点：

（1）压缩机从蒸发器中吸入低温低压气体制冷剂，在压缩机内部压缩成高温高压的气体制冷剂；

（2）高温高压气体进入冷凝器与水交换热量，在冷凝器中被冷却成过冷的高压液体制冷剂，水吸收制冷剂的热量后温度不断升高；

（3）高压液态制冷剂经过节流器节流降压后，变成低温低压的气液两相混合体，在蒸发器中通过风扇的作用下，吸收空气中的热量蒸发成气体；

（4）再次被压缩机吸入压缩，如此循环，从而不断地制取热水。

2.3 垃圾分类管理体系

2018年夏天，上海师范大学东六宿舍改造的时候，就率先引入了垃圾分类的概念，升级宿舍生活垃圾处理设施设备，对垃圾桶进行分类，引导学生树立主人翁意识和绿色环保意识，进行垃圾分类投放。

东六宿舍内，每一楼层的公共走道上都设置了两处垃圾投放点，并对投放点内的垃圾桶进行了分类，即：干垃圾、湿垃圾、有害垃圾、可回收垃圾。

在学生入住东六宿舍前，需要签署入住协议，入住协议中针对垃圾分类板块制定了基本要求及相关制度，希望可以通过环境育人和行为育人的方式培养学生的环保意识。

在东部园区内设立垃圾分类体验馆，内有宣传教育、场景体验、交流互动等区域，为学生提供更加形象生动的垃圾分类知识培训。

3　实施情况

生态学生宿舍园区项目于2018年9月完成一期东六宿舍楼共计75个房间，2019年9月完成二期东二、东七、东八宿舍楼共计328个房间的智能化建设。

项目通过对宿舍内各项系统的智能化和现代化技术升级，实现了学生用水用电及垃圾分类的规范管理，为违章用电监测、24小时热水淋浴服务、节能环保管理提供了技术支持。

同时，超级宿舍云平台将所有用电、用水、垃圾分类处理数据进行整合，通过大数据分析，对学生个体及群体的行为进行识别归类，建立人物画像，可帮助学校针对学生的不同需求和适用性，打造个性化教育方案。

该项目实现了管理模式的转变，实现了绿色环保意识的转变，更通过环境育人、行为育人的方式，培养了学生自我教育、自我管理、自我服务的意识。

4　运行维护情况

目前，该项目运行情况良好，并于2020年暑期进行三期改造。该项目日常运维采用外包形式，在学校学工部监督考核下，由项目实施单位负责日常运维。项目实施单位派遣专业运维人员、技术人员、维修人员驻场，确保所有设备设施的正常运行。

5　适用分析

5.1　技术推广

该项目技术成熟，性能稳定。其超级宿舍云平台实现了实时数据监测、在线结算等功能，提供了线上线下联动管理的平台和抓手。同时，超级宿舍云平台可进行模块化配置，为不同服务对象定制个性化服务内容。该项目技术适用于高校和一般单位的智能化、信息化改造。

5.2 经济适用

项目由实施单位投入资金，并负责十年运维，校方分十年返还资金，因此项目成本相比市场较低。

5.3 运行维护模式

项目采用项目实施与运维外包模式，且实施单位提供现场驻场及十年免费维保服务，负责项目范围内的设备设施日常维护及学生服务工作。

实施单位以超级宿舍云平台为核心，建立了涵盖项目内所有设备设施的资产管理系统，以日、月、季度、年为单位，对设备设施进行日常巡检与维护，同时定期组织相关人员进行操作培训，最大程度上确保了所有智能化设备与系统的正常运行。

该项目适用于拥有专职团队、专项经费的学校。

三、华东师范大学变电站运行托管服务项目

华东师范大学　许　芹

项目类型：变电站运行管理
项目性质：学校自筹项目
项目实施单位：上海市南变配电站服务有限公司

1　项目背景

华东师范大学闵行校区有 35 kV 变电站 1 座、10 kV 变电站 28 座（10 kV 变压器 63 台）。2004 年，闵行校区变电站启动投运，鉴于 35 kV 变电站运行管理的专业性，以及学校专业人员不足的实际情况，经学校研究决定，将闵行校区变电站运行管理工作委托给第三方社会企业负责。

闵行校区变电站运行的委托管理，相对于老校区的变电站自管，是一次社会化改革的尝试，这在上海市乃至长三角地区高校范围内，都走在了后勤社会化改革的前列。

2　托管方案

项目要求托管服务单位在变电站运行管理、电力设备检修和电力故障应急处置等方面有丰富的经验。托管范围包括闵行校区两路 35 kV 电源进线后所有 35 kV 设备及 35 kV 站以下的 10 kV 配电站。

2.1　组织架构

该项目配备常驻人员 7 人（其中站长 1 人，日常值班人员 6 人），备用应急抢修人员 5 人，以及相应的专家团队（如图 7.2 所示）。

（1）站长：负责整个项目日常运行管理工作。要求具有 10 年以上 35 kV 及以上电压等级变电站运行管理工作经验，熟悉设备性能，具备设备操作能力和应急处理能力。工作方式采用常日班工作制（周一至周五），在双休日、法定节假日、重大日期、特殊任务保电期间参与值班带班工作。

（2）值班人员：要求具有 5 年以上 35 kV 及以上电压等级变电运行经验，工作方式采取轮班制，做到 35 kV 变电站 24 小时不间断值班。

宿舍综合改造及变电站托管项目

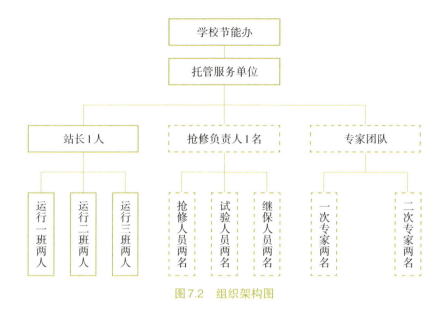

图7.2 组织架构图

（3）应急抢修人员：托管服务单位配备应急抢修负责人1名，抢修人员2名，试验人员2名，保护校验人员2名，工作方式采用在实施单位值班待命模式，在变配电站设备发生故障时，确保1小时内到达现场，组织故障诊断和应急抢修。

（4）专家团队：托管服务单位配备一组专家团队，对学校的电力设施设备升级改造、新建或既有建筑改扩建、大型实验设备采购等项目的配套电力扩容需求等，结合电力公司相关政策和学校实际，给出解决方案或专业建议。

2.2 托管内容及要求

托管服务单位在学校节能办的管理协调下，一同参与学校变电站设备安装的质量管理，以及变电站启动投运的验收；负责35 kV变电站24小时值班；负责10 kV配电站每天一次定时巡检；负责设备缺陷处理；如遇设备紧急故障，专家1小时内到达现场，组织应急抢修；负责实施电气设备预防性试验；负责变电站经济运行管理。

2.3 制度建设

为做到学校变电站运行管理的规范化、标准化，结合闵行校区35 kV变电站的实际情况，项目实施单位建立了一套先进的管理体系，制定了一系列完善的运行管理制度，确保学校变电站托管服务工作规范有序进行，包括变电站安全制度、变电站值班人员职责、设备缺陷管理制度、变电站操作规程、变电站巡视检查制度。

2.4 项目运行

（1）变电站巡视检查管理

按时进行日常巡视检查工作，现场通过看、听、试、闻等技术手段及时发现、处置故障和隐患。一般故障当场处置，复杂故障调用专家团队的技术力量，提出维修建议，与学校节能办一起制定解决方案。

巡回检查是运行管理日常工作之一，根据《巡回检查制度》开展巡检，检查设备运行情况，抄录设备运行数据，及时发现并消除设备缺陷。合理安排各项周期性的日常工作，如检查消防器材、直流屏蓄电池、站内文明生产工作及站内照明等。变电站的设备巡视检查，分为正常巡视（含交接班巡视）、熄灯巡视、特殊巡视和全面巡视。

按照《变电站现场运行规程》，正常巡视35 kV变电站每2小时一次，10 kV站每天一次；熄灯巡视每周一次，巡视内容是检查设备有无电晕、放电、接头有无过热现象；遇有以下情况，进行特殊巡视，包括大风前后、雷雨后、冰雪、冰雹、雾天，设备变动后，设备新投入运行后，设备经过检查、改造或长期停运后重新投入系统运行后，异常情况下的全面巡视（包括：过负荷或负荷剧增、超温、设备发热、系统冲击、跳闸、有接地故障情况等）；必要时，应派专人监视，包括设备缺陷近期有发展时，法定节假日、上级通知有重要供电任务时。所有巡视情况和数据，记入变电站巡视检查记录，以便备查和故障追溯。

（2）故障应急抢修

托管服务单位为学校配备24小时应急抢修队伍，在接到值班人员通知后1小时内赶到现场，进行抢修处理。应急抢修队伍配备有常用备品备件，能够及时处理配电室的大部分突发事件，保证校区用电可靠性。故障应急抢修工作，指对电气设备故障7×24小时的实时响应和派单，协调故障抢修队伍赶赴现场开展故障处理，及时完成修复工作。

故障来源主要包括设备运行中发生的故障、配电设备运行中产生的优化需求、设备例行巡检及专业专项巡检时发现的故障、隐患以及各类维护需求。

（3）电气设备预防性试验及维护保养

电气预防性试验是为了发现运行中设备的隐患，预防发生事故或设备损坏对设备进行的检查、试验或监测。它是设备运行和维护工作中一个重要环节，是保证电气设备安全运行的有效手段之一，是实现电力设备科学管理、安全运行、提高效益的重要保障。

（4）经济运行管理

每月对变电站运行数据进行分析，主要包括电能质量分析、设备负载率分析、用电量峰谷规律分析、需量分析、无功补偿分析、能耗分析、设备运行状况分析。然后对分析数据分别使用图形、表格、文字等多种形式进行汇总及展现，以更好地了解变电站运行情况。每月根据以上的完整数据提出合理的改进措施，以达到提升运行质量、节约运行费用的目的。

3 实施情况

该项目自2004年10月起，华东师范大学闵行校区通电，与变电站启动投运开始同步实施。该项目按照单价测算，35 kV变电站每年运行管理费30万元，10 kV配电站运行管理费每座每年2万元，学校一年的投资是86万元。

3.1 管理效益提升

该项目实施期间，依托电力监控系统，结合数据分析做好"预判、预防"，将"在线监测""状态巡检""停电检修"业务相互结合，使"被动抢修"转变为"主动运维"，把安全隐患消灭在萌芽状态，减少安全事故的发生，确保校区供电的安全可靠。例如，2019年4月，法商学院10 kV配电站内信息楼1号10 kV馈线开关出线电缆故障，项目实施单位组织专家团队迅速查找到了故障位置，并及时修复。通过每年的预防性试验发现多项设备缺陷，并及时消除了缺陷，确保了设备的安全可靠运行。例如，针对35 kV电站1号、2号主变高压线圈表面放电的严重缺陷，本着安全、快速、经济的原则，采取线圈绝缘漆重新涂抹修复及更换绝缘子的处理方式，消除了该项缺陷；发现并解决了直流屏充电模块故障；发现并解决了10 kV高压开关柜绝缘子受潮放电、电缆护套绝缘损坏的缺陷。

3.2 经济效益分析

（1）优化了专业人员配置，节省了用工成本。该托管项目要求服务单位配备驻场电力运行管理工作人员7人，应急故障抢修人员7人，专家团队4人，如这些专业人员全部由学校自行配备，用工成本每年不少于100万元。

（2）优化供电设备配置，提高了电力能效。该托管服务单位依托电力监控系统，结合丰富的管理经验，用电效率连续多年达到96%以上，每月获得电力公司力率考核奖励电费约2万元，2019年全年获得奖励电费272 931.56元，不仅提高了电力能效，也节省了学校经费。

4 适用分析

4.1 技术推广

该项目通过委托专业单位负责学校变电站的运行管理，满足了学校对供电系统、设备、设施安全性和可靠性等方面的要求。项目运行16年以来，与老校区自管模式相比，校区整体供电系统运维管理成本也降低了。

电力运行管理托管给专业的技术人员，技术成熟、经验丰富的团队为用户提供全面系统的服务。这种模式具有较好的安全性和经济性，适用于各类企事业单位、政府机关等用户的变电站运行管理。

4.2 经济适用

变电站运行管理托管项目具有较好的经济性，其主要体现以下几个方面。

（1）项目实施单位通过定期检测供电设备和线路，可及时发现设备缺陷和安全隐患，并有效处理，有效减少因设备故障停电带来的损失；

（2）项目实施单位通过数据分析及系统诊断，结合学校发展规划及用电需求，提出供电系统提升以及供电设备优化配置方案，帮助学校经济高效地使用能源；

（3）项目实施单位通过完善的安全管理体系（安全管理、业务管理、技术管理、应急管理），可大幅节约人员、设备以及突发故障的管理成本。

4.3 运行维护模式

华东师范大学闵行校区变电站运行管理委托服务项目，由学校节能办负责日常监管和考核，适合于变电站运维外包的学校。

四、复旦大学变电站运行托管服务项目

复旦大学　徐方卉

项目类型：变电站外包托管项目
项目性质：学校自筹项目
项目实施单位：上海新光工程技术有限公司
　　　　　　　　上海恰尔斯电力（集团）有限公司

1　项目背景

随着我国高等教育事业的蓬勃发展，高校的办学规模日益扩大，电力使用大幅增加，复旦大学的变电站供电电压等级从最初的 10 kV、35 kV，到 2020 年的 110 kV（江湾校区，上海高校第一家），电力装机容量也从 1984 年的不到 2 万 kVA 发展到 2020 年的 17.91 万 kVA，在这种形势下，如何实现科学、合理、安全地管理校园电力就成了一个亟需解决的问题。从 2012 年开始，由于退休、疾病等因素，复旦大学原有管理变电站的技术工人数量逐年减少，同时，受学校人才招聘政策影响，高校工勤技能岗位人员（包括技术工人）原则上只减不增，故不能及时补充此类人员，变电站管理面临人员危机。

因此，2014 年起，为推进高校后勤社会化改革进程，根据学校变电站运行管理实际情况进行整体规划设计，学校通过公开招标的方式引进专业变电站管理团队，弥补当时变电站工作人员配置不足的状况，彻底破解了变电站工作人员青黄不接的局面。

2　托管方案

专业变电站管理团队提供"7×24 小时"变电站运行托管服务，旨在提高变电站管理水平，实现"安全、可靠、经济、节能、高效"的用电目标。通过委托可为学校变电站实现"数字化、网络化、可视化、专业化"管理，保证用电安全的同时，有效降低用人成本。

2.1 组织架构

该项目配备站长、技术主管和相应的值班巡视人员。

以2座24小时值班10 kV变配电站（北区总变电站和光华楼10 kV变电站）为重点，采用现场24小时无间断有人值班、公司工程部抢修支援、公司监控的三级管理结构对邯郸校区变电站进行管理。

站长由工程师级别（或相当于工程师级别）以上的工程技术人员担任，全面负责变配电站的管理工作。

技术主管全面负责变配电站的生产技术工作。

值班巡视人员采用三班三运转的现场24小时值班制度，每班次在岗人员不得少于3人，每天负责邯郸校区（北区、南区）各分变配电站的巡视检查工作。每天对邯郸校区其他无人值班站巡视两次，分别在上午、下午各巡视一次，特殊情况和特殊天气根据需要增加巡视次数。

2.2 托管内容

（1）根据邯郸校区10 kV变配电站及户外箱变等设备的值班巡视管理制度及倒班方式拟定"日常例行工作流程"和变配电站内电力设备高、低压设备巡视路线图。

（2）在"两票三制"的基础上，编制10 kV变配电站典型操作票和通过值班人员的定时巡回检查和设备的定期试验切换，及时发现设备存在的缺陷隐患，并及时向复旦大学管理部门业主代表做出书面报告。

（3）变配电站值班人员必须每天对邯郸校区10 kV变配电站及户外箱变等设备配备的电力监管平台运行软件进行查看并书面记录运行状况；同时必须配合校园节能监管平台运行的要求，对所涉及变配电站的智能表进行线路检查。每天将书面记录运行状况进行汇总形成报表。

（4）托管公司就邯郸校区10 kV变配电站及分变站、开关站的运行安全等其他用电问题与市供电部门进行业务联系。值班人员负责及时向学校管理部门业主代表传达上海市电力公司所发布的相关条文和规定及外线故障检修停电通知。

（5）按照上海市电力公司《上海电网高压用户技术管理规范》的管理标准，建立邯郸校区10 kV变配电站及户外箱变等的电力设备运行台帐和设备维修记录，以使运行管理人员和学校管理部门能全面了解、掌握10 kV和

400 V设备的运行技术情况，同时这也是保证设备安全运行所必备的基础数据和资料。

（6）可切换的设备恢复送电不超过半小时。发生停电紧急事故，抢修班30分钟赶到事故现场进行处置。抢修24小时不间断进行。需更换一般设备的应在1天内恢复送电，更换进口设备的应在设备到达后的24小时内恢复送电。

（7）供电经济运行：值班人员在设备的巡回检查工作中定时抄录有关仪表，记录电压、电流以及有功、无功电量、功率因素等数据，并提供给业主单位相关部门参考。在掌握这些数据基础上，协助业主单位分析用电最大需量（MD）数及功率因素的变化情况，拟订科学、合理的运行方式，以保证安全运行的前提下达到最佳经济运行的目的。

2.3 制度建设

为进一步规范变电站的运维管理，提升变电站现场管理水平，项目实施单位梳理完善运维管理标准、建立健全管理制度，如变配电站出入管理制度、变电站值班制度、变配电站交接班制度、设备巡视检查制度、变配电站安全工作制度、安全异常情况管理制度、变电站倒闸操作制度、定期试验切换制度、变配电站防火管理制度、工作票制度等。确保运行或备用设备的健康水平，为变电站保持长周期安全稳定运转提供可靠保证。

3 实施情况

2014年起，复旦大学通过公开招投标方式选聘专业企业承包复旦大学邯郸校区10 kV变配电站及户外箱变等设备托管运行管理项目（包含27座10 kV变配电站、2座24小时值班10 kV变配电站、7座户外箱变和6个户外开关箱）。本项目采用一次招标三年沿用的方式实施（自第一年合同签订之日起三年），服务期限共计36个月。合同一年一签，一年期满，经考核合格后双方续签下一年合同，考核不合格不再续签。

变电站托管利用市场资源优化配置后勤资源，以权、责划分为核心，实现高校管理重心的下移，由专业变电站管理团队向高校提供电气专业高、中级职称的电气运维人才储备和力量支撑，由高校管理部门督促专业变电站管理团队履职尽责，切实履行高校管理部门的监管责任，加强对变电站管理团队的督导检查，从而保障供电的质量与安全性，降低管理成本，提升供电服务质量和水平，完善原有的变电站运行机制和管理体制，建立应急供电保障机制，快速应急响应，及时消除运行管理中所存在的缺陷隐患，给高校带来一站式能源服务的体验，既提高了变电站设备运行可靠性，又满足高校科研教学服务的用电需求，为高校履行"为党育人、为国育才"的初心使命提供坚强的能源保障。

4 适用分析

4.1 推广可行性

本项目进一步深化高校后勤社会化改革，高校可以从专业难度系数高、行业危险系数高的高校电力管理运行服务事务中解脱出来，推广可行性强。

（1）学校原有为数不多的技术工人的职能重心逐渐从服务转移到监管上来。

（2）为进一步提升学校对于变电站的监管效能，学校通过招聘引进专业的电气技术管理人员。

（3）建立健全第三方审查和评估机制，聘请有资质的第三方机构，按照共同确定的安全生产管理、运行管理、设备管理、文明生产、培训工作等考核指标体系，定期监测考核专业变电站管理团队的服务质量，考核不合格的专业变电站管理团队不再续签合同。

4.2 社会效益

复旦大学是国内高校中较早采用变电站托管模式的高校之一，正逐步推行"市场化运作、专业化托管"模式，探索长效化变电站委托管理机制，实现了项目实施单位和学校双方的和谐共赢。对国内及上海地区其他高校的变电站运行模式提供了可行性方案参考，具有示范性作用。

4.3 经济效益

原先管理变电站的技术工人属于学校正式编制员工，学校的薪酬成本较高，现通过公开招投标的方式，用工薪酬受市场化定价，有利于降低高校人力资源成本。

4.4 运行维护模式

该项目采用变电站托管及校方管理模式，项目运行效果良好稳定，责任主体明确。适用于职责明确的场景。

能源监管平台项目

一、复旦大学节能监管平台项目

复旦大学　黎春仁　储一鸣

项目类型：能源监管平台
项目性质：住建部示范项目
项目实施单位：复旦大学计算机学院顾宁教授团队

1 项目背景

复旦大学一贯重视节能工作，2010年初立项建设节能监管平台。

节能监管平台建设是教育部、住房与城乡建设部开展节约型校园建设的重点工作之一，通过节能监管平台建设在校园能源管理过程中掌握现状，提高效率，具有良好的经济效益和社会效益。以复旦大学节能监管平台建设为研究平台，开展协同计算、云计算和物联网等计算机学科相关前沿关键技术的研究，海量数据信息的高效存储，绿色数据中心构建技术，基于一卡通的校园物联网建设等核心问题。

该项目为学校相关部门的节能管理以及师生节能提供更高效和便捷的服务，实现复旦大学节能监管平台建设的总体目标。

2 建设方案

在节能监管平台的建设过程中，通过设计可扩展的绿色校园监控实施框架，建设跨校区的校园监控基础设施，开发跨平台的信息化监控与协同管理平台，提供以节能、节水为目标的数据采集与存储、监控信息分析与推荐，以及绿色节能决策的制定等信息服务。

2.1 节能监管平台架构

系统以校园网为通信网络。为了保证原有数据采集和监控系统的安全，通过独立的前置机与学生公寓电能计费系统、光华楼电力SCADA系统、学校变电站电力监控系统接口，这些前置机配置双网卡，使得原来这些系统与校园网隔离。节能监管平台整体结构如图8.1所示：

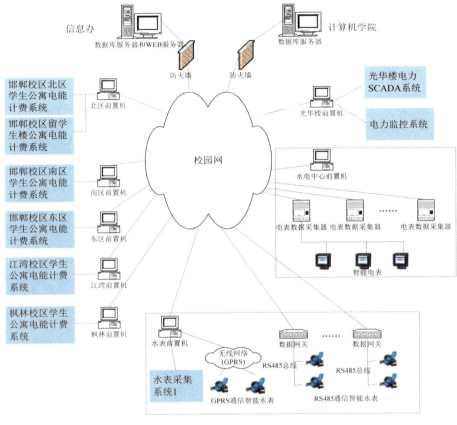

图8.1 平台整体结构图

2.2 基本功能

复旦大学节能监管平台包含以下基本功能。

(1)数据自动采集功能,负责实时采集各类分项计量的数据。

(2)人工数据录入功能,提供友好的人机界面,对一些需要人工采集的能耗数据提供人工录入功能,并能与自动采集的数据一起进行分析和统计。

(3)报警通告功能,在系统运行过程中,按照预先设定的报警模型,实时监测各种设备运行情况,如果发生了异常情况,则会立即提示出来,告知操作人员。

(4)数据库管理功能,采用标准的商用数据库系统为数据库平台 SQL Server,系统数据库用于存储本系统的资料数据、历史数据、分析数据、运行日志、用户的操作日志等资料，并能根据信息分类生成各种专用数据库。

（5）数据维护功能，利用维护工具对各类数据库进行维护。

（6）安全管理功能，包括系统运行安全、系统数据安全（数据单元安全和数据库安全）、用户操作权限安全、口令管理的策略、模块操作权限控制和管理系统跟踪控制。

（7）报表管理功能，可根据用户的选择生成各种报表，从时间上选择，如日报表、月报表、季报表和年报表等；从功能上选择可分为电能统计表、用水量统计表等。

（8）统计分析功能，可分析耗能设备的用电情况，并以数据列表和图形（曲线图、柱状图、堆积图等）方式显示能耗设备的用能情况；可对不同用电设备的分项消耗电能纵向比较，进行分类排序，划定能耗监管重点对象，提高建筑能源管理效率。

（9）系统对时功能，依照某个时钟作为标准，对系统中的所有计算机和采集器自动定时对时和人工对时，为数据的记录和分析提供一致的时间。

（10）能耗公示功能，对系统采集到的能耗数据，根据制定的规则，定期公示，接受群众的监督，从而达到节能减排的目的。

（11）建筑及设备拓扑结构管理与显示功能。

3 实施情况

项目2010年底开始建设，2011年硬件安装完毕，2012年平台正式上线，2014年通过验收。

该项目采用技术成熟，当前平台运行良好。节约型校园建筑节能监管平台建设之前，由于地下管网陈旧、线路复杂、抄表困难、抄表周期长等原因，及时发现地下管网漏水一直非常困难，据估计学校地下管网漏水量占总用水量的5%以上，每年从地下漏失的水费在50万元以上，通过实时控制配合水量平衡与查漏，可以及时发现和有效防范管网漏水，直接节约水费。通过节能监管平台，可以实时查看楼宇的用电负荷情况，为楼宇增容改扩建提供了重要依据；24小时的能耗数据监测，可以发现楼宇夜间是否存在能源浪费现象，最终达到节能目的。

复旦大学通过节约型校园建筑节能监管平台的建设，加强了对能耗水耗的实时分析和能耗水耗异常情况的处理，不仅为学校今后采取行政手段进行定额、定量管理提供了准确的、科学的数据，同时也具有良好的经济效益和社会效益。

4 运行维护情况

项目采用甲方主导，混合管理模式。学校总务处总体负责，计算机学院负责平台软件日常运行管理，委托专业公司对底层数据采集、硬件（智能表具、采集器）更换等进行日常维护，另外委托一家网络公司对包括节能监管平台在内的多个信息化平台的网络通信进行日常维保，确保节能监管平台正常运行。

5 适用分析

5.1 技术推广

该项目采用的技术成熟，稳定性高。该项目建设模式适用于本身有较强软件开发实力的学校。

5.2 经济适用

该项目总投资较高，是学校推进能源管理的基础工程。

5.3 运行维护模式

该项目采用甲方主导混合管理模式，项目运行效果良好，适合于职责明确、有专人负责、专项经费的学校。

二、上海财经大学能源监管平台项目

上海财经大学　张笑凡

项目类型：能源监管平台
项目性质：住建部示范项目
项目实施单位：无锡锐泰节能系统有限公司

1　项目背景

随着办学规模的扩大，上海财经大学硬件环境承载能力的薄弱和人均资源占有量的不足日益凸显。而随着校区调整后的扩大，公共设施的改造和教师办公条件的改善，又要求学校必须以节约能源资源为切入点，摒弃高消耗、高浪费和低效益的发展模式，尽快实现向节约型校园的建设发展转变。学校主要建筑年代较老，加上新并入的校区内很多建筑的改造也主要采用旧厂房改造的方式，造成建筑在设计、建材、设备等诸方面先天节能基础较差。此外，教学、办公以及学生生活环境都还处在改善和提高过程中，能耗增长幅度较快，如何在保证和提升师生舒适度的前提下做好节能工作成为节约型校园建设工作的重点。

2007年，上海财经大学除了武东路园区和静思园安装了数字化预付费模块外，其他学生园区房间电表、楼宇电表、楼宇水表都是传统表具，只能采用人工抄表的方式进行管理。只有先摸清家底，了解学校的能耗水耗，才能更好推进能源管理和节能改造，于是2008年学校决定建设能源监管平台。

通过能源监管平台建设，学校能够全方位、多角度、即时掌握和监测各类能源和资源消耗数据的动态变化，逐步形成学校能耗、水耗远程计量和人防、技防监测体系，为管理节能、技术节能和行为节能奠定基础。

2　建设方案

上海财经大学依据《高等学校校园建筑能耗监管系统建设技术导则》等相关设计建设原则，统一规划，分步实施。

2.1 节能监管平台总体框架

上海财经大学能源监管平台主要包括数据采集设备、数据网关、数据传输网络、云服务器和能耗监管中心五个部分,其基本原理就是利用智能终端包括水、电等数字式计量表,通过通信技术和网关设备,实现能耗监管中心、云服务器、末端智能表三者之间的通信,对水、电等消耗数据进行实时采集、计量和统计分析,达到对能源消耗进行管理的目的。节能监管平台总体框架如图8.2所示。

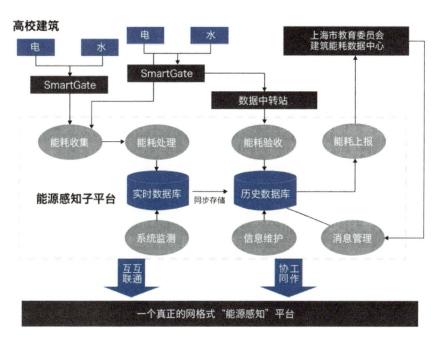

图8.2 节能监管平台总体框架

2.2 电能计量监管系统

系统主要包括智能数据网关远端数据采集、中间数据传输、后台数据接受处理、前台查询统计和管理功能。系统选用带有远传数据接口(电气接口符合RS485标准)且内置专用通信协议的智能电子电能表。中间数据采用校园网网络作为传输通道。

2.3 给水管网监管系统

系统通过在校园供水基础管线上配置智能远程计量水表,实时在线监测校园水表读数，并借助传输网络将数据上传至能源数据中心，实现各用水单位的用水量在线监测。依靠系统数据分析功能，可以自动进行给水漏失分析和用水异常情况识别，帮助学校及时发现跑冒滴漏现象。

2.4 变电所参数监管系统

系统采用计量及传感设备，对变电所内变压器、进线柜、出线柜、电容柜等各种配变电设备及变电所环境/视频等进行参数监测。通过对变电所空气环境、安防环境、变压器温度、母排温度、次总开关、出线回路等重点运行参数进行采集监测，同时结合现场动态监控视频，实现校园供配电系统集中监管，设备运行状态实时仿真，运行异常情况及时告警，减少供配电故障风险，提高人员效率。

2.5 预付费电能管理系统

用户通过网络浏览器登录系统，进行开户、销户、售电、退电、强制关电、时控管理、恶性负载管理、报表打印、账目盘点、日志查询等操作。学生可通过微信、支付宝和虚拟账户对账号进行充值。

2.6 建筑节能监管系统

在电能计量管理系统、给水管网监测系统等系统的基础上，通过对水、电等分类能源进行综合分析构建形成建筑节能监管系统。系统采用了先进的数据融合、数据挖掘及动态图表生成等技术，实时地从能源监测的各子系统中提取数据，形成数据综合分析；并通过对海量能耗数据的综合处理与运算，形成各类统计学图表，实时反映历史能耗对比与未来能耗趋势。

3 实施情况

从2008年至今，上海财经大学能源监管平台总共建设了六期，完成涵盖全校的行政电能监测、学生预付费、给水管网监测、变电所监测等系统，实现了网络实时操作和实时计量监控，达到二级表计量全覆盖，主要用能楼宇分项计量，学生宿舍预付费计量全覆盖，主要用水楼宇全覆盖，形成学校能耗、水耗远程计量和人防、技防监测体系，为学校能源管理指标化推进奠定了基础。

项目方案技术成熟，实施效果明显。上海财经大学通过能源监管平台建设，推进管理节能、技术节能和行为节能，开展能耗公示、能源审计和指标定额，使得学校在使用建筑面积较大增长时，单位建筑面积能耗增加得到了有效控制；学校功能相对稳定的楼宇用能相对下降，学校用水总体得到了较好控制；能耗数据自动采集，减少人力资源，提高了工作效率；形成了良好的绿色生态校园文化。

4 运行维护情况

学校建立能源监管平台建设、运维协调工作机制，由节能办公室具体负责日常运行管理，牵头协调学校相关部门推进能源监管平台建设和运维工作。为保证工作机制的有效运行，学校制定了《能源监管平台水电计量设施建设管理办法》和《能源监管平台运行维护管理办法》。

项目采用运行维护外包管理模式，每年拨付专项经费，由维保单位负责能源监管平台的软硬件维护，学校新增项目的计量配套工作，以及相关系统的集成等工作。学校相关部门和人员配合运维服务公司进行平台维护工作。维保方案如下。

（1）在人员配备方面，按照"1（线上）+1（线下）+1（支撑团队）"的模式进行。

（2）在软件维护方面，对各软件系统进行日常维护，保证系统数据准确，遇到故障情况，8小时内响应；不定期对软件进行升级、优化等，以满足不同的业务需求；在系统数据备份方面，定期进行增量备份和完全备份，以保障数据的安全性和连续性。同时，维保单位积极配合第三方，做好软件集成或数据集成工作，并将新增设备和应用系统接入学校的能源监管平台。

（3）在硬件设施维护方面，对系统内计量点日常巡检，通过设立备品备件库的方式，保障实时计量点的在线率达95%以上。每半年对各个建筑内的计量设备进行现场巡检、保养，对计量设备的电力线和信号线进行应力性保养，同时对该建筑内的网关进行通信链路巡检，以保障网络稳定性。每周检查能源监管平台运行情况，定期巡检排查各能耗采集终端的运行情况，定期向学校汇报平台运行情况和运维服务工作情况。

通过学校和维保团队的共同努力，本校的终端设备在线率一直维持在较高水平，数据有效完整，为后续节能措施打下坚实的基础。

5 适用分析

5.1 技术推广

该项目采用的技术成熟，稳定性高。能源监管平台是学校等用能单位推进能源管理的基础，适合普通高校和一般用能单位使用。

5.2 经济适用

该项目总投资较高，投资规模与学校规模、计量点位和管理颗粒度相关。该项目有助于学校了解本校能源资源使用情况，推进节能改造和能源管理，有效降低能耗水耗增长幅度，提升管理效率。

5.3 运行维护模式

该项目采用能源监管平台维护外包，学校负责日常运行管理模式，项目运行效果良好，适合于有专人负责、职责明确、专项经费的学校。

三、上海中医药大学节能监管平台项目

上海中医药大学　李月信

项目类型：能源监管平台
项目性质：市教委示范项目
项目实施单位：上海建科建筑节能技术股份有限公司

1　项目背景

上海中医药大学张江校区及学生生活园区的电耗、气耗计量表没有数据远传功能，需要专人现场抄表，不便于学校对校园日常用能进行管理；且张江校区原有配电监测系统采集设备老旧，已无法正常查看数据。

为进一步推进上海中医药大学节能工作，全面实现校园能源系统的分布式监控与集中式管理，学校决定2016年建设校园节能监管平台。

通过该项目建设，实现了张江校区的用电分楼层、分项实时采集监测，对学生公寓、食堂等楼宇天然气能耗24小时实时自动采集监测。此外在张江校区原有配电监测系统的基础上完善张江校区用电能耗的计量，将张江校区的用电能耗也纳入了校园节能监管平台。

2　建设方案

2.1　项目内容

上海中医药大学节能监管平台，通过安装计量设备、使用区域无线传输技术、建立信息化节能监管平台，实现对校内生活园区电、气、水等的用能情况进行监测和管理。其中，电量和燃气监测范围及要求如下：

（1）电量监测：对张江校区及学生生活园区的用电能耗进行分楼层、分项计量，对这些楼宇的用电能耗进行24小时实时自动采集及存储、统计、分析。

（2）燃气监测：对张江校区学生公寓、食堂等楼宇的天然气能耗进行24小时实时自动采集监测及存储、统计、分析。

2.2　系统架构

该系统主要采用分层分布式计算机网络结构，分为站控管理层、网络通讯层和现场设备层。

（1）站控管理层针对能耗监测系统的管理人员，是系统的最上层部分，主要实现人机交互。站控管理层对采集的现场各类数据信息分类计算、分析与处理，并以柱状图、表格等形式反映现场的运行状况；

（2）网络通讯层是数据信息交换的桥梁，负责对现场设备回送的数据信息进行采集、分类和传送等工作，同时转达上位机对现场设备的各种控制命令；

（3）现场设备层是数据采集终端，主要由智能仪表组成，采用具有高可靠性、带有现场总线连接的分布式I/O控制器构成数据采集终端，向数据中心上传存储的建筑能耗数据。测量仪表担负着最基层的数据采集任务，其监测的能耗数据必须完整、准确并实时传送至数据中心。

2.3 项目特点

（1）项目实现了用电、气、水、冷热量计量，并预留多种数据接口；

（2）实现了特殊用电回路定制个性化监测功能，例如针对平台使用单位的需求定制平台功能，针对节能改造楼宇热泵机组用电、锅炉用气的单独计量等，为楼宇节能管理提供便捷。

3 实施情况

该项目总投资290万元，于2017年开始建设，2018年建设完成，现在运行情况良好。该项目建成后，用电监测点位共1 000多个（包括张江校区546个点位、学生生活园区550个点位），用气监测点位共45个，用水监测点位共18个，覆盖64栋建筑。

项目实现了对于学校生活园区电、气、水等的用能情况进行监测和管理，为生活园区的日常节能管理提供了信息化、高效率、科学的辅助工具，极大地提升该高校生活园区能源管理效率，并能对该学校之前开展的节能改造项目的实际效果进行核算与评价。

4 运行维护情况

项目采用委托管理模式。学校委托上海建科建筑节能技术股份有限公司进行日常运行管理。

项目维保包括用电能耗监测系统，用气能耗监测系统以及节能监管软件平台维保。具体维保内容包括电表、互感器功能巡检、电表准确度校验、网关功能巡检、燃气表功能巡检、服务器功能巡检等；平台软件系统维护工作、数据接口维护、数据分析诊断等。

5 适用分析

5.1 技术推广

本项目的能耗监管平台实现了电、燃气消耗数据的对接，同时开放了水、冷热量、可再生能源能耗数据的对接接口，实现了建筑全能源监测，也为学校各项事业发展、政策制定推行提供有效的数据支持。适用于单体建筑，也适用于区域建筑的全能耗监测，可实现建筑全能耗（用电、气、水、冷热量等）的分类与分项监测，以及实现不同建筑特定回路监测。

5.2 经济适用

节能监管平台的建设有利于学校日常能耗管理工作的开展，为管理节能、技术节能和行为节能提供支撑，降低学校能耗，提升能源效率。通过平台能耗分析功能，可以指导大楼管理人员进行行为节能，比如随手关灯、夜晚关闭高能耗设备如通风机、空调水泵等；推进高能耗设备进行节能改造，如更换LED灯具、更换高效率的空调系统等。

5.3 运行维护模式

该项目采用委托管理模式，适合于需委托专业公司进行日常运行维护的学校。

四、上海音乐学院能源监管平台项目

上海音乐学院　姜　侃　毛　岚

项目类型：能源监管平台
项目性质：市教委生态文明教育示范项目
项目实施单位：上海浦公节能环保技术有限公司

1 项目背景

为了实现向节约型校园建设发展的转变，从2013年起，上海音乐学院开始着手搭建能源管理平台。通过能源监管平台建设，学校能够全方位、多角度地即时掌握和监测各类能源和资源消耗数据的动态变化，逐步形成学校能耗、水耗远程计量，空调的远程计量和控制等，为管理节能、技术节能和行为节能奠定基础。

2 建设方案

该能源监管平台由计量装置、数据网关、数据传输网络、数据中转站、数据服务器、业务计算服务器、web服务器、硬件防火墙、管理软件等组成（如图8.4所示）。

2.1 平台框架

能源监管平台系统基于互联网技术，具备能耗数据实时采集和通讯、远程传输、自动分类统计、数据分析、指标比对、图表显示、报表管理、数据储存、数据上传等功能；满足建筑能耗监管内容及要求。

2.2 管理软件基本功能

（1）基本信息展示页面：以简洁的界面展示建筑实时耗电量、耗水量、空调用电量等，同时能将当天的能耗直接换算成经济费用（如图8.5所示）。

（2）各类能耗查询界面：分类、分项、分时段查询各能耗值，显示图形可以自定义为柱状图、饼图或曲线。

（3）建筑信息：系统软件以地图的形式标明了各建筑位置和数量，并详细地记录了建筑的年代、面积、功能、冷源形式、热源形式、空调末端形

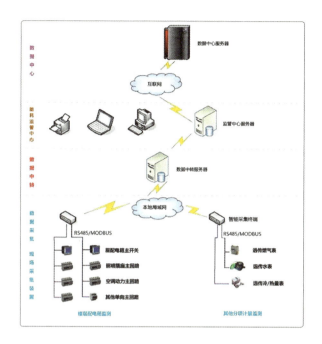

图 8.4　建筑能耗监管系统物理组成及网络连接示意图

图 8.5　系统主界面

式、照明灯具形式、电梯形式、生活用水情况、燃气使用情况等。

（4）多种能耗统计：为了满足学校对用能统计的需求，分别对分项能耗、建筑能耗、建筑能耗对比、部门及院系能耗、部门及院系能耗对比、能源审计等数据进行统计分析；并且可对每个电表的电流、电压进行查询，能使用能单位更好地平衡用能；可对电流、电压进行限值，防患于未然。

（5）多种类报表生成功能：为了满足学校项目对远程抄表功能的特殊需求，软件可以根据学校自定义导出各类报表。

3 实施情况

上海音乐学院能源监管平台项目由学校自主建设。由于学校教学任务繁重，从2013年起到2018年12月总体进行了二期工程，完成了221只智能远传电表、14只智能远传水表、6套采集器、1台数据服务器、1套能耗平台，可对3台空调进行远程计量、控制，并采用先进的三维BIM技术实时显示教学楼用电使用情况。

系统平台安装后，在用电方面，协助学校监测线路用电情况，监控线路三相平衡起到很大作用；在用水方面更是有突出表现，2020年5月，由于在疫情期间，学校没有正常上课，人员很少，但有两个用水回路（综合楼、博士楼）全天每小时的用量几乎都很平均，由专业巡检公司找到了相关的漏点。将这两个渗水点找出后，综合楼从每天50吨的用量锐减至5吨，博士楼从每天28吨左右锐减至3吨，每天将节约70吨的用量，年度减少25 550吨，按水的单价3.65元来计算，一年将节省93 257.5元。

上海音乐学院通过能源监管平台建设，推进管理节能、技术节能，开展能耗公示、能源审计和指标定额，使得学校用电、用水总体得到了控制；能耗数据自动采集，减少了人力资源，提高了工作效率，形成了良好的绿色生态校园文化。

4 运行维护情况

学校建立能源监管平台建设、运维协调工作机制，由后勤具体负责日常运行管理，相关人员由安装公司进行培训，能全面掌握系统的操作、基本维护及扩展功能等技术，使维保操作人员具备正确操作、故障应急处理、维护保养等能力。

项目采用维护外包管理模式，每年拨付专项经费，由维保单位负责能源监管平台的软硬件维护，学校新增项目的计量配套工作，以及相关系统的集成等工作。

5 适用分析

5.1 技术推广

该平台采用的技术成熟,已在多个学校推广使用,只要经过一定的修正,适用于所有用能单位。

5.2 经济适用

该项目总投资与学校规模、计量点位和管理颗粒度相关。该项目有助于学校了解本校能源资源使用情况,推进节能改造和能源管理,有效降低能耗水耗增长幅度,提升管理效率。

5.3 运行维护模式

目前此项目按甲方主导的混合管理模式,日常使用操作由甲方负责,维护修理由实施单位负责,职责明确。

图书在版编目(CIP)数据

"十三五"上海市高等学校重点节能环保工程案例汇编/上海市学校后勤协会,上海现代高校智慧后勤研究院编. —上海:复旦大学出版社,2021.3
ISBN 978-7-309-15429-0

Ⅰ.①十… Ⅱ.①上…②上… Ⅲ.①节能-高校管理-案例-汇编-上海 ②环境保护-高校管理-案例-汇编-上海 Ⅳ.①G647.6

中国版本图书馆 CIP 数据核字(2020)第 262236 号

"十三五"上海市高等学校重点节能环保工程案例汇编
"SHISANWU" SHANGHAISHI GAODENG XUEXIAO ZHONGDIAN JIENENG HUANBAO GONGCHENG ANLI HUIBIAN
上海市学校后勤协会 上海现代高校智慧后勤研究院 编
责任编辑/朱安奇

复旦大学出版社有限公司出版发行
上海市国权路 579 号 邮编:200433
网址:fupnet@fudanpress.com http://www.fudanpress.com
门市零售:86-21-65102580 团体订购:86-21-65104505
外埠邮购:86-21-65642846 出版部电话:86-21-65642845
上海盛通时代印刷有限公司

开本 787×960 1/16 印张 10.25 字数 162 千
2021 年 3 月第 1 版第 1 次印刷
印数 1—4 100

ISBN 978-7-309-15429-0/G·2184
定价:68.00 元

如有印装质量问题,请向复旦大学出版社有限公司出版部调换。
版权所有 侵权必究